Jo-Jo

Sprachbuch 2

Erarbeitet von

Frido Brunold
Susanne Mansour
Sandra Meeh
Henriette Naumann-Harms
Rita Stanzel
Monika Wolter
Martin Wörner

Fachliche Beratung
zur Silbenstrategie,
zum Verlängern, zum Ableiten
und zu Merkwörtern

Günter J. Renk

Cornelsen

Inhalt

Themenkapitel

Arbeitstechniken

Richtig schreiben

Sprache untersuchen

Texte verfassen

Ich – Du – Wir

1 Was tun die Kinder? Beschreibt.

2 Beantwortet die Fragen.

An diese Regel kann ich mich gut halten: Wir …

- Wer sitzt neben Lisa?
- Wie heißt der Junge mit der Brille?
- Was macht Hannes an der Tafel?
- Wie viele Kinder haben blonde Haare?
- An welche Regel kannst du dich gut halten?

3 Stellt eigene Fragen zum Bild.

erzählen: zu einem Bild; Gesprächsregeln beachten: Regeln und ihre Einhaltung besprechen; Fragen stellen und beantworten

Kleine Texte schreiben

1 Löst die Rätsel. Das Bild links hilft euch.

2 Denke dir ein Rätsel aus und schreibe es auf: Es …

3 Lest eure Rätsel vor. Die anderen Kinder raten.

4 Sammelt eure Rätsel in einer Rätselkartei. Findet ihr noch mehr?

Texte verfassen S. 130

Nomen kennen lernen

1 Quartett spielen macht Spaß. Besprecht die Regeln.

2 Lege eine Tabelle mit vier Spalten an.
Ordne die Wörter aus dem Quartettspiel in die Tabelle:

Menschen	Tiere	Pflanzen	Dinge
Frau	…	…	…

Wörter für Menschen, Tiere, Pflanzen und Dinge nennt man **Nomen**.
Nomen werden immer **großgeschrieben**: **K**ind, **T**iger, **T**ulpe, **B**all.

3 In jeder Reihe passt ein Nomen nicht dazu.
Schreibe nur die passenden Nomen:
Tiere: Hase, Tiger, …

Tiere:	Hase Tiger Elefant Hund Heft
Menschen:	Lehrerin Mutter Auto Kind Mann
Dinge:	Buch Bleistift Fisch Pinsel Lineal
Pflanzen:	Rose Mädchen Gras Tanne Busch

Nomen kennen lernen;
Nomen sammeln und nach Kategorien ordnen;
Großschreibung von Nomen

Nomen großschreiben

1 Schreibe die Namen der Spielsachen auf.
Male die großen Anfangsbuchstaben an: Seile, …

2 Schreibe den Text ab.
Setze die fehlenden Wörter ein:
Hanna und Carlo …

Hanna und Carlo holen die Spielkiste.

Carlo will ein  spiel spielen.

Hanna sucht den  und die  .

Sie ruft Paul. Doch der spielt lieber  .

3 Finde zu jedem Schloss den richtigen Schlüssel.
Schreibe die Nomen: Name, Dame, …

Verschriftung und Großschreibung von Nomen: einzeln und im Textzusammenhang; Analogiebildung durch Reimwörter

Silben schwingen

Sprich das Wort deutlich Silbe für Silbe.
Zeichne dabei zu jeder Silbe
mit der Schreibhand einen Bogen in die Luft.
Gehe zu jeder Silbe einen Schritt nach rechts.

1 Sprecht und schwingt die Namen.

Niklas	Felix	Anton	Jonas
Tanja	Stefan	Hakan	Silke
Leon	Malte	Lukas	Lena

2 Schreibe Namen ab. Zeichne Silbenbögen:
Niklas, Felix, …

3 Bilde Wörter und schwinge. Zeichne Silbenbögen:
Reifen, …

4 Finde lange Wörter und schreibe sie auf.
Setze Silbenbögen: Turnmattenwagen, …

S. 88 Richtig schreiben

Rechtschreibstrategie „Sprechschwingen, Schreibschwingen“; Namen schwingen; Silben zu Nomen zusammensetzen; Vorlieben aufschreiben

Hier üben wir

die Schule
die Kinder
die Schüler
der Text
die Tafel
die Hefte
lernen
lesen
arbeiten
schreiben
holen

1 Übe den Text:  oder  oder .

In der Schule

In der Schule lernen alle Kinder.
Sie lesen und arbeiten. Zwei Schüler
schreiben einen Text an die Tafel.

 Die Kinder lesen den Text.
Sie holen die Hefte. Sie schreiben.

2 Schreibe alle Wörter aus dem Text
mit einem kleinen Anfangsbuchstaben:
der, lernen, …

3 Setze die Nomen richtig zusammen.
Male den großen Anfangsbuchstaben an:
Tafel, …

Ta Klas Na Mäd
chen me se fel

Kin Schu Leh Hef
le rer te der

4 Ergänze die Sätze:
Moritz liest.
Moritz liest heimlich.

heimlich abends im Bett ein Buch

Moritz liest.
Moritz liest ___.
Moritz liest ___ ___.
Moritz liest ___ ___ ___.
Moritz liest ___ ___ ___ ___.

Herbst

1 Was findet ihr draußen?
Bringt eure Fundstücke mit
und legt sie in eine Schatzkiste.

2 Erzählt von euren Fundstücken.

3 Male ein Fundstück auf ein Blatt Papier.
Schreibe dazu, was es ist
und wo du es gefunden hast.

Sachverhalte beschreiben:
zu Fundstücken erzählen, Fundort angeben;
Fundstück beschreiben und malen

Einladungen

1 Schreibe mit den Textteilen eine Einladung:
Liebe Eltern!
Wir laden euch zu unserem …

- Bitte bringt Teller und Löffel mit.
- Es gibt Kürbissuppe.
- Wir stellen unsere Schatzkisten aus.
- Es ist am 1. Oktober von 14 bis 16 Uhr.
- Wir laden euch zu unserem Herbstfest ein.
- Liebe Eltern!
- Eure Klasse 2

2 Sammelt an der Tafel eigene Vorschläge für ein Herbstfest.

3 Schreibe und gestalte eine Einladung zu eurem Herbstfest.
Finde einen Schluss, der den Eltern Lust macht zu kommen:
Liebe …

- Viele liebe Grüße
- Wir freuen uns auf euch!

4 Lies deine Einladung in der Klasse vor.

5 Wird in deinem Wohnort eines dieser Feste gefeiert?
Wo kannst du mehr über diese Feste erfahren?

Bestimmte Artikel

1 Lies den Text.
Setze in jedem Satz **der, die** oder **das** ein.

Endlich ist ___ Kürbissuppe fertig.
Max und Nicole holen Teller, Gläser und Löffel.
Da, ___ Teller von Lea ist heruntergefallen.
Lea möchte unbedingt ___ Glas mit den bunten Streifen.
Frau Meier ruft: Vorsicht, ___ Suppe ist heiß!

2 Schreibe den Text aus Aufgabe 1.
Unterstreiche die eingesetzten Artikel **der, die** und **das**:
Endlich ist <u>die</u> …

Nomen haben Begleiter. Sie heißen Artikel.
Bestimmte Artikel: **der** Teller, **die** Suppe, **das** Glas.

3 Schreibe jedes Nomen mit dem Artikel auf: der Teller, …

Teller | Glas | Löffel | Gabel | Kürbis | Suppe | Tasse | Messer

4 Spielt das Artikel-Spiel.

Artikel-Spiel

Ihr braucht:
- eine kleine, würfelförmige Schachtel
- Papier, Kleber und Stifte

So wird der Würfel gebastelt:
- Beklebt die Schachtel mit Papier.
- Schreibt die Artikel **der, die, das** zweimal auf die Würfelseiten.

So wird gespielt:
- Würfelt in der Gruppe reihum.
- Schreibt zu jedem gewürfelten Artikel ein Nomen auf.
  Wer zuerst fünf Nomen zu einem Artikel findet, gewinnt.

bestimmte Artikel in einem Text ergänzen;
Nomen mit bestimmtem Artikel aufschreiben;
Gebrauch der Artikel in einem Spiel erproben

Unbestimmte Artikel

1 Lies den Text. Setze für die Bilder Nomen ein.

Die Klasse 2a bastelt Laternen.
Auf Leons Laterne ist ein .
Auf Julias Laterne ist eine .
Marie und Julia mögen Laternen mit Tieren:
Es kann ein  oder ein  sein.
Marie sucht sich eine  aus.
Aber Julia mag jetzt doch lieber eine .

2 Schreibe die eingesetzten Nomen
mit dem Artikel **ein** oder **eine** auf: ein Mond, …

Nomen haben Begleiter. Sie heißen Artikel.
Unbestimmte Artikel: ein Mond, eine Sonne.

3 Trage die Wörter aus den Blättern in die Tabelle ein:

ein	eine
Baum	Kastanie
…	…

4 Schreibe die Wörter aus den Blättern mit dem unbestimmten
und dem bestimmten Artikel auf: eine Kastanie – die Kastanie, …

Nomen mit unbestimmten Artikeln aufschreiben; unbestimmte Artikel nach Geschlecht sortieren; Nomen mit bestimmtem und unbestimmtem Artikel aufschreiben

Sprache untersuchen S. 110

Ordnen und nachschlagen

1 Was kommt zuerst? Ordne jedes Paar nach dem ABC:
Apfel – Birne, …

Birne – Apfel
Eichel – Nuss
Regen – Gewitter
Fuchs – Igel
Trauben – Marmelade
Wind – Regen

2 Ordne die Wörter in den Drachen nach dem ABC: Eichel, …

3 Suche in der Wörterliste das erste Wort mit A, E, I, O und U: Abend, …

4 Schreibe das Herbst-ABC vollständig auf.
Du kannst alle Wörter dieser Seite verwenden.

A		N	
B		O	
C	Champignon	P	Papierflieger
D		Qu	Qualm
E		R	
F		S	
G		T	
H	Herbst	U	Uhu
I		V	Vorrat
J	Jacke	W	
K	Kastanie	X	
L		Y	
M		Z	

S. 86 Arbeitstechniken

Wörter und Wortpaare nach dem ABC ordnen;
in der Wörterliste nachschlagen;
ein Herbst-ABC erstellen

Hier üben wir

1 Übe den Text: oder oder .

Kürbissuppe

Der Herbst ist da. Die Kinder decken den Tisch.
Frau Meier bringt die Suppe. Alle essen.
Die Suppe ist heiß. Die Suppe ist gut.

Die Teller sind bald ganz leer.

der Kürbis
die Suppe
der Herbst
der Tisch
der Teller
decken
bringen
essen
heiß
gut
ganz
leer

2 Schreibe alle Nomen aus dem Text auf:
Kürbissuppe, ...

3 Schreibe die Reimwörter mit ihren Artikeln auf:
die Suppe – die Puppe, ...

die Suppe	das Kind	der Tisch	der Teller
die P	der W	der F	der K

4 Löse das Geheimschrift-Rätsel: wir, ...

8	5	18	2	19	20

4	5	3	11	5	14

19	9	14	4

7	1	14	26

12	5	5	18

2	18	9	14	7	5	14

A	B	C	D	E	F	G	H	I	J	K	L	M
1	2	3	4	5	6	7	8	9	10	11	12	13
N	**O**	**P**	**Q**	**R**	**S**	**T**	**U**	**V**	**W**	**X**	**Y**	**Z**
14	15	16	17	18	19	20	21	22	23	24	25	26

5 Schreibe andere Übungswörter oder einen ganzen Satz in Geheimschrift.

Übungswörter einzeln und im Textzusammenhang üben; Reimwörter finden; Wörter in Geheimschrift entschlüsseln

Natur entdecken: Tiere

1 Was fällt euch zu diesen Tieren ein?

2 Hast du ein Tier?
Wünschst du dir eines? Erzähle.

> Ich wünsche mir eine Katze, weil ich mit ihr kuscheln möchte.

3 Malt Bilder von eueren Lieblingstieren oder bringt Fotos mit.
Klebt sie auf ein Plakat und schreibt den Tiernamen dazu.

Informationen zu Tieren sammeln; appellieren: Wünsche formulieren und begründen; informieren: ein Tierplakat erstellen

Fragen zu einem Text

1 Sinas Lieblingstier ist ihr neuer Hund.
Lies dir ihre Fragen zur Hundehaltung durch.

1 Wie oft muss man mit dem Hund spazieren gehen?

2 Wann braucht ein Hund seine Ruhe?

3 Was muss man tun, damit er gehorcht?

4 Muss ein Hund dreimal am Tag gefüttert werden?

2 Beantworte Sinas Fragen.
Lies dazu unten im Hundebuch nach:
1 Man muss mit dem Hund …

Was ein Hund braucht

Auslauf: Hunde sind Lauftiere und müssen sich austoben können. Darum sollte man zweimal am Tag mit ihnen spazieren gehen.

Verhalten: Ein Hund gehorcht, wenn man oft mit ihm übt. Dabei will er viel gelobt werden.

Pflege: Ein Hund muss regelmäßig gebürstet werden, damit sein Fell nicht verfilzt.

Fressen: Ein Hund muss einmal am Tag gefüttert werden. Beim Fressen braucht er Ruhe.

Tierarzt: Jeder Hund muss einmal im Jahr zum Tierarzt.

3 Über welches Tier möchtest du gern etwas wissen?
Schreibe vier Fragen auf Kärtchen.

4 Finde die Antworten auf deine Fragen.
Suche im Tierlexikon oder im Internet.
Frage andere Menschen.

einem Text Informationen entnehmen, um Fragen zu beantworten;
Fragen zum Thema „Haustiere" entwerfen und beantworten;
Informationen aus Medien einholen

Texte verfassen S. 140

Verben kennen lernen

1 Was können Hunde? Was können Hunde nicht?
Schreibe Sätze mit den passenden Verben:
Hunde können rennen.
Hunde können nicht …

wiehern
knurren
riechen
schwimmen
spielen

rennen
fressen
miauen
bellen
schlafen

Verben sagen, was Menschen, Tiere, Pflanzen oder Dinge tun.
Verben werden kleingeschrieben: rennen, fressen, fliegen.

2 Schreibe die Sätze mit den passenden Verben auf:
Das Pferd wiehert. Die Kuh …

Das Pferd	bellt.
Die Kuh	wiehert.
Der Hund	fliegt.
Der Vogel	muht.

Das Schwein	hoppelt.
Der Hase	schwimmt.
Die Katze	quiekt.
Der Fisch	miaut.

3 Schreibe eine lange Liste mit Tier-Verben:
Was Tiere alles können: hoppeln, klettern, …

S. 116 Sprache untersuchen
Verben und ihre Bedeutung kennen lernen;
die Veränderung von Verben im Satz erfahren

Selbstlaute und Mitlaute

1 Ergänze die Buchstaben. Schreibe die Tiernamen mit dem Artikel in der richtigen Reihenfolge auf:
das Pferd, …

Pf rd

 g l

V g l.

H nd

H s

F sch

Z br

a, e, i, o, u sind Laute, die von alleine klingen. Sie heißen **Selbstlaute**. Alle anderen Laute im ABC nennt man **Mitlaute**.

2 Ordne die Tiernamen nach ihren Anfangsbuchstaben:

Selbstlaut	Mitlaut
Esel	Maus
…	…

Esel Maus Affe Katze Reh Löwe
Uhu Igel Ente Tiger Elefant Wal

3 Verwandle die Wörter und schreibe sie auf.
Male den Selbstlaut an, den du verwandelt hast:
Hase – Hose, …

Hase Hahn Motte Hand Uhr
o u a u O

Selbstlaute und Mitlaute unterscheiden; Selbstlaute in Nomen ergänzen; Anfangsbuchstaben als Mitlaute identifizieren; in Minimalpaaren spielerisch mit Selbstlauten umgehen

Silbenkönige: Selbstlaute

1 Schreibe die Wörter in dein Heft.
Zeichne Silbenbögen. Male die Silbenkönige an:
Fisch, …

Fisch Wurm Schaf Frosch Wolf Wal Schwan Hirsch

In jeder Silbe steckt ein **Selbstlaut**. Wir nennen die Selbstlaute deshalb auch **Silbenkönige**: Fisch, Kamel.

2 Schreibe die Wörter in dein Heft.
Zeichne Silbenbögen. Male die Silbenkönige an:
Kamel, …

Kamel Ente Hamster Nashorn Hase

Löwe Esel Lama Regenwurm Elefant

3 Bilde echte Tiernamen oder Fantasie-Tiernamen.
Male die Silbenkönige an:
Hamster, Salafant, …

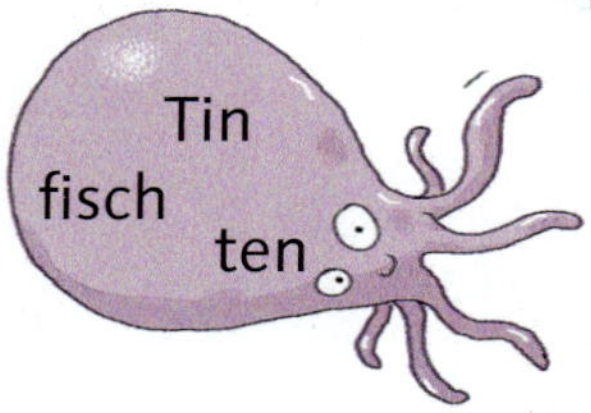

S. 90 Richtig schreiben

Selbstlaute als Silbenkönige kennen lernen;
Selbstlaute in Silben markieren, Silbenbögen zeichnen;
aus Silben Tiernamen bilden

Hier üben wir

1 Übe den Text: oder oder .

der Hund
die Katze
der Hof
die Bank
das Haus
er sieht
er läuft
sitzen
putzen
wollen
fangen
laut
schnell

Hund und Katze

Bello sieht eine Katze im Hof.
Sie sitzt auf der Bank und putzt sich.
Er will sie fangen.
Er bellt laut und läuft aus dem Haus.

Doch die Katze ist schneller.

2 Diese Wörter stehen im Text.
Schreibe sie mit dem richtigen Anfangsbuchstaben.

▢und	▢angen	▢itzt	▢of
▢atze	▢ieht	▢ank	▢utzt

3 Verwandle die Wörter.
Übermale den Mitlaut, den du verwandelt hast:
Maus – Haus, …

Maus	Mund	Katze
H▢	H▢	T▢

nutzen	gehen
p▢	s▢

4 Suche selbst Wörter, die du verwandeln kannst.

5 Schreibe den Text mit den passenden Selbstlauten:
Bello will eine …

B◆ll✢ w❖ll ◆❖ne K✿tz◆ f✿ng◆n.
S❖◆ s❖tzt ❖m H✢f ✿⊘f d◆r B✿nk.
◆r b◆llt l✿⊘t. Schn◆ll ❖st d❖◆ K✿tz◆ w◆g.

a = ✿
e = ◆
i = ❖
o = ✢
u = ⊘

Übungswörter einzeln und im Textzusammenhang üben;
Reimwörter bilden;
Geheimschrift entschlüsseln

1. Jo-Jo-Test

Fragen zu einem Text

1 Lies den Text.

Katzen zeigen genau, was sie wollen.
Hier sind ein paar Beispiele:
Eine Katze, die gern gestreichelt werden möchte,
schmiegt sich an dein Bein.
Wenn dir eine Katze einen Buckel zeigt,
solltest du sie lieber in Ruhe lassen.
Ihr Fell sträubt sich, wenn sie richtig wütend ist.

2 Beantworte die Fragen. Schreibe Sätze.

1 Was tut eine Katze, wenn sie gestreichelt werden möchte?
2 Wann solltest du sie in Ruhe lassen?
3 Woran erkennst du, dass eine Katze wütend ist?

Ordnen und nachschlagen

3 Schreibe die Wörter nach dem ABC geordnet auf.

Mädchen	Tisch	wollen
Junge	Bett	fangen
Tafel	Lampe	sitzen
Heft	Regal	laufen

4 Suche in der Wörterliste das letzte Wort
mit den Anfangsbuchstaben A, E, I, O und U.

Fragen zu einem Text beantworten;
semantische Merkmale von Verben erkennen;
Verben beim Gebrauch im Satz verändern

Nomen erkennen

5 Welche Wörter sind Nomen?
Schreibe sie mit dem bestimmten Artikel auf.

Kind	Suppe	Tafel	decken	heiß
lernen	Name	gut	Bleistift	Mädchen

Verben zuordnen

6 Ordne jedem Bild ein passendes Verb zu: 1 ..., 2 ...

1

2

3

4

5

7 Schreibe zu jedem Bild einen Satz.
Unterstreiche in jedem Satz das Verb.

Selbstlaute und Mitlaute

8 Schreibe alle Wörter auf, die mit Mitlauten beginnen.

Hund	Katze	Esel	Stern	Rose
Schnee	Mann	Tisch	Tafel	Kuchen

Winter

1 Vieles gehört zur Weihnachtszeit. Erzählt zu den Bildern.

2 Schreibe und male, was dir an Weihnachten am besten gefällt.

Mir gefällt an Weihnachten, dass …

3 Erzählt, was ihr an Weihnachten macht.

sich an Gesprächen beteiligen:
über unterschiedliche Weihnachtsbräuche sprechen;
erzählen: zur Weihnachtszeit erzählen

Bastelanleitungen

1 Lest die Bastelanleitung. Probiert sie aus.

1 zwei gleich große Kreise aus Papier ausschneiden

2 einen Kreis dreimal falten

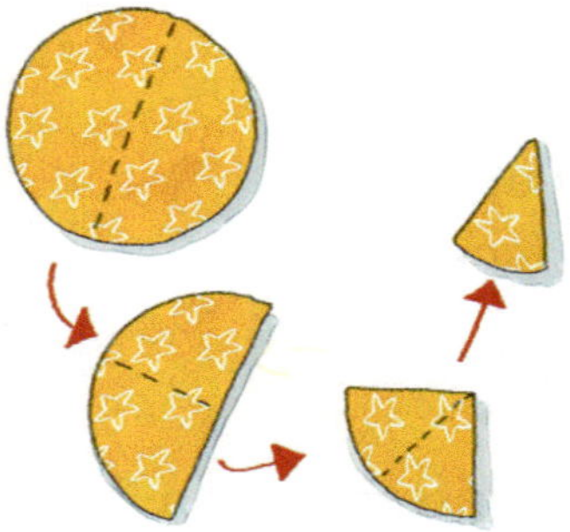

3 an den Faltlinien einschneiden

4 auseinanderfalten und die Zacken zum Stern biegen

5 den Stern mit dem Kreis zusammenkleben

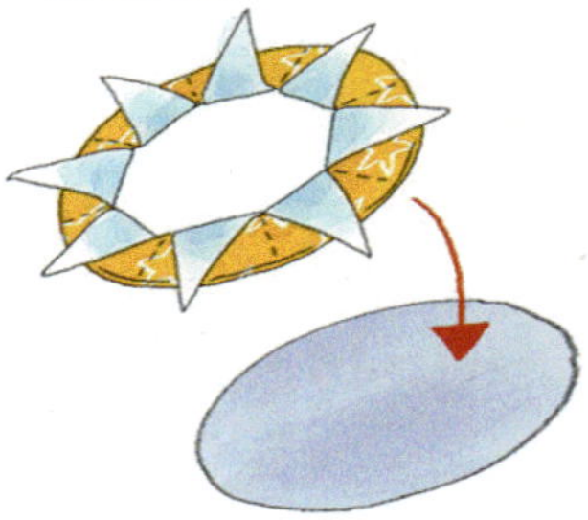

2 Überlegt euch Weihnachtswünsche und schreibt sie in die Sternenbriefe.

3 Beschreibe, wie Sternenbriefe gebastelt werden:

1 Zuerst schneide ich …
2 Dann falte ich …
3 Danach schneide ich …
4 Nun falte ich …
5 Zum Schluss klebe ich …

4 Sammelt Weihnachtsgrüße in verschiedenen Sprachen oder Mundarten.

Bastelanleitung ausprobieren; Weihnachtswünsche aufschreiben; den Bastelablauf in der Ich-Form beschreiben; Weihnachtsgrüße in verschiedenen Sprachen oder einer Mundart sammeln

Texte verfassen S. 148

Aussagesätze

1

2

3

4

1 Lies den Text.
Mache nach jedem Satz eine Pause.

Im Flur steht schon der Weihnachtsbaum.
Der Chor probt im Musiksaal.
Thomas und Jan bauen eine Krippe.
Karoline bringt ihre Puppe mit.
Björn bastelt einen großen Stern.
Die Flötengruppe übt fleißig.

2 Welche Aussagesätze passen zu den Bildern?
Bild 1: Thomas und Jan …

Am **Satzanfang** schreibt man **groß**.
Nach jedem **Aussagesatz** steht ein **Punkt**:
Die Kinder basteln Sternenbriefe**.**

3 Schreibe den Text ab. Schreibe jeden Satzanfang groß.
Setze nach jedem Aussagesatz einen Punkt:
Die Kinder proben …

die Kinder proben für das Krippenspiel
Thomas und Jan bringen die Krippe
sie fällt um die Puppe von Karoline
geht kaputt Karoline weint

4 Schreibe auf, was an deiner Schule
für Weihnachten vorbereitet wird.

Fragesätze

1 Lest den Text mit verteilten Rollen.
Habt ihr alle Sätze gleich gelesen?

Siehst du den Stern?
Er leuchtet hell.

Was hat das zu bedeuten?
Wir schauen mal nach.

Nein, unser Feuer wird ausgehen.

Wir können noch etwas Holz nachlegen.
Dann brennt es bis morgen früh.

Hast du keine Angst um unsere Schafe?

Die Hunde werden auf sie aufpassen.

Das kleine Schaf könnte erfrieren.
Soll ich es mitnehmen?

Kommst du jetzt?
Es ist kalt und
der Weg ist weit.

2 Schreibe alle Fragen ab. Denke an das Fragezeichen:
Siehst du den Stern? Was …

Nach **Fragen** steht ein **Fragezeichen**:
Siehst du den Stern**?**

3 Spielt die Szene. Denkt euch eine Fortsetzung aus.

Satzarten im Umgang mit einem Rollentext üben; Ausrufezeichen
und Fragezeichen als Aussprachezeichen erfahren;
Rollenspiel fortsetzen

Sprache untersuchen S. 126

Wörter mit ie

1 Lies den Text.
Sprich die Wörter mit ie deutlich.

Wie immer wird es vor Weihnachten wieder spannend.
Beim Wichteln muss jeder tief in den Sack fassen.
Letztes Jahr bekam ich ein Geschenk von Marie.
Es fühlte sich ziemlich weich an.
Aber ich hätte nie gedacht,
dass es ein Taschenwärmer ist!

2 Schreibe die Wörter mit langem i. Setze Silbenbögen.
Male in jedem Wort ie an: wie, wieder, …

Hörst du ein **langes i**, schreibst du meistens **ie**:
wie, ziemlich, Tier.

3 Schreibe die Wörter aus der Weihnachtsgirlande auf.
Male in jedem Wort ie an: Ziel, …

4 Setze die Wörter aus den Silben zusammen.
Schreibe sie mit Silbenbögen auf. Markiere ie:
kriegen, spielen, …

krie bie len
lie flie sie gen
spie wie ben

regelmäßige Schreibung des langen i als ie kennen lernen; Wörter mit ie aus Text und Wortkette herausschreiben; Silben zu Verben mit ie zusammensetzen

Hier üben wir

1 Übe den Text: oder oder .

Weihnachten

Alle freuen sich wieder auf Weihnachten.
Im Dezember schmücken wir
den Baum mit Kerzen und Sternen.
Wir üben viele Weihnachtslieder
für unsere Weihnachtsfeier.
Ob in diesem Jahr Schnee auf der Wiese liegen wird?

Wir wünschen allen schöne Weihnachten
und ein gutes neues Jahr.

das Weihnachten
der Dezember
die Kerze
der Stern
das Lied
die Feier
das Jahr
der Schnee
die Wiese
freuen
schmücken
üben
liegen
wünschen
viele
diesem

2 Setze die Verben zusammen.
Jedes Verb kannst du im Text finden:
freuen, …

freu	lie	ü	wün	schmü
ben	cken	schen	en	gen

3 Bilde mit den Buchstaben in der Kerze Wörter:
Dezember, …

ezember	nee
eihnachten	erne
ieder	eier
erzen	ahr

Zeiten und Räume

1 Der Jahreskreis gibt über vieles Auskunft.
Was könnt ihr entdecken?

2 Beschreibe die Jahreszeit,
in der du Geburtstag hast.

In der Jahreszeit, in der ich Geburtstag habe, ist es draußen …

3 Findet ihr die Antworten auf diese Fragen zum Jahreslauf?
Sachbücher und das Internet helfen euch: www.blinde-kuh.de

Warum gibt es Tag und Nacht? Jonas	Warum ist der Winter die dunkle Jahreszeit? Tina	Warum ist es im Sommer am wärmsten? Kolja

einem Jahreskreis Informationen entnehmen; an der Standardsprache orientiert sprechen; eine Jahreszeit beschreiben; Fragen beantworten

Geschichten vorbereiten

1 Jeder Monat hat etwas Besonderes.
Betrachte die Bilder und erzähle.

März

Juli

September

2 Erzähle, welcher Monat für dich besonders ist.

3 Julia hat für ihre Januar-Geschichte Wörter gesammelt.
Sammle Wörter für **deine** Monatsgeschichte.

Julias Januar-Wörter
Schnee, kalt, Schneemann,
Schlitten fahren, Winter, Januar,
spielen, Eis, glatt, weiß.

4 Schreibe und male deine Monatsgeschichte.
Oder: Schreibe eine Januar-Geschichte.
Julias Wörter können dir helfen.

5 Gestaltet ein Buch mit Monatsgeschichten.
Könnt ihr sie mit dem Computer aufschreiben?

Januar
Ich baue gerne einen
Schneemann
oder fahre Schlitten.

zu einzelnen Monaten erzählen;
Geschichten planen: Wörtersammlung anlegen;
Monatsgeschichten in verschiedenen Buchformen präsentieren

Texte verfassen S. 132

Aufzählungen durch ein Komma trennen

1 Ordne die Liedzeilen. Beachte die Reime:
Januar, Februar, März, …

weckt in uns allen die Lebenslust.

Januar, Februar, März, April

fängt das Ganze schon wieder von vorne an.

Mai, Juni, Juli, August

September, Oktober, November, Dezember und dann

die Jahresuhr steht niemals still.

2 Male in deinem Lied das Satzzeichen zwischen den Monatsnamen an: Januar, Februar, …

Aufzählungen werden durch ein **Komma** getrennt:
Die vier Jahreszeiten heißen Frühling, Sommer, Herbst, Winter.

3 Hier ist alles durcheinandergeraten. Ordne die Nomen.
Denke an das Komma zwischen den Wörtern:
Jahreszeiten: … Monate: …

Herbst Oktober September Frühling Sommer
Februar März Januar Juni November
April Winter Mai August Juli Dezember

4 Finde zu den deutschen die englischen Monatsnamen.
Sie klingen anders – auch wenn manche gleich geschrieben werden.
Übe danach mit einem Erwachsenen, sie richtig auszusprechen.

Deutsch	Englisch
Januar	January
Februar	…

englische Monatsnamen
April • August • November • January
May • October • March • July • February
December • June • September

Namen für Monate und Jahreszeiten üben;
den Begriff „Komma" kennen lernen;
Unterschiede in Klang und Aussprache finden

Zusammengesetzte Nomen

1 Bilde zusammengesetzte Nomen mit **Uhr**:
das Wasser, die Uhr – die Wasseruhr, …

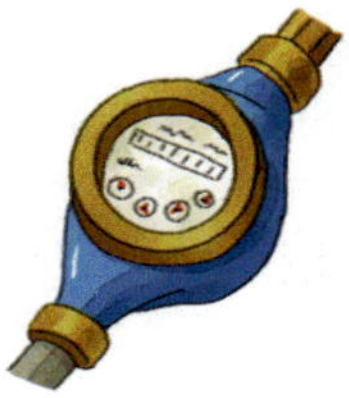

Wasser

Armband

Sand

Eier

Turm

2 Finde alle zusammengesetzten Nomen mit **zeit** und trenne sie:
Mittagszeit: Mittag, Zeit, Osterzeit: …

Julius kommt gerade aus der Schule. Hoffentlich wird er in der Mittagszeit mit den Hausaufgaben fertig, denn er hat in der Osterzeit einen Schwimmkurs angefangen. Wenn Julius sein Schwimmabzeichen schafft, darf er in der Ferienzeit mit seinem Bruder ins Schwimmbad gehen. Juhu!

Er freut sich auch schon auf die Sommerzeit. Dann ist es lange hell und er kann draußen spielen. Diese Jahreszeit mag Julius am allerliebsten. Die Winterzeit hat ihm auch ganz gut gefallen. Zwar war es morgens lange dunkel und das Aufstehen fiel ihm schwer, aber er konnte oft Schlitten fahren und mit seinen Freunden einen Schneemann bauen.

Julius guckt auf seine Armbanduhr. Er muss sich beeilen, wenn er pünktlich im Hallenbad sein will.

3 Finde im Text weitere zusammengesetzte Nomen und trenne sie:
die Hausaufgaben: das Haus, die Aufgaben,
der Schwimmkurs: schwimmen, der …

zusammengesetzte Nomen bilden;
zusammengesetzte Nomen finden und trennen
(Nomen + Nomen, Verb + Nomen)

Sprache untersuchen S. 114

Silbenkönige: Zwielaute

1 Schreibe Pauls Geburtstagswünsche auf.
Male die Zwielaute au, eu oder ei an: Paul wünscht sich …

Reitunterricht

eine Reise in den Freizeitpark

ein ferngesteuertes Auto

einen Baukasten

ein Freundebuch

einen Zauberhut

Man nennt **au, eu, ei Zwielaute**, weil sie aus zwei Lauten bestehen.
Auch Zwielaute sind Silbenkönige: Baum, freuen, Seife.

2 Schreibe die Sätze. Setze au, eu oder ei ein:
Heute feiert Paul …

Heute f_ert Paul mit s_nen dr_ besten Fr_nden.
Alle toben im Fr_en.
Am Lagerf_er braten die Jungen Kartoffeln.
Sie basteln _tos aus Holz.
Die Fr_nde schlafen in einem Zelt.

3 Setze Pauls Geburtstagsgeschenke zusammen.
Zeichne Silbenbögen. Male die Silbenkönige an:
Brauselutscher, …

Brause- Seifen- Lego- Kuschel- Abenteuer- Park-

blasen lutscher hase steine haus buch

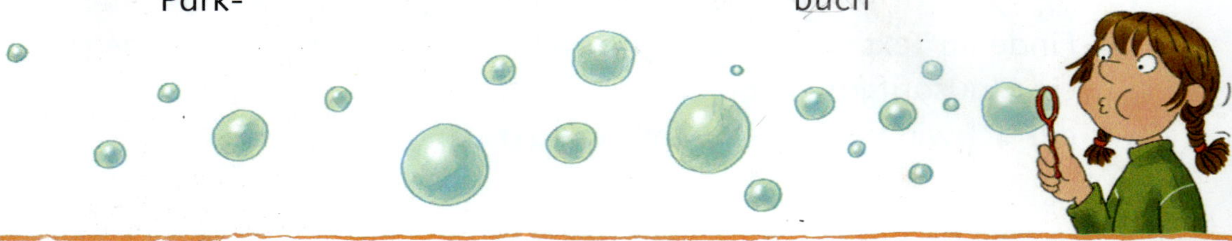

S. 92 Richtig schreiben

Zwielaute als Silbenkönige kennen lernen;
Zwielaute einsetzen und markieren;
zusammengesetzte Nomen mit Zwielauten bilden

Hier üben wir

1 Übe den Text: oder oder .

Wie die Zeit vergeht

Die Kinder haben einen Jahreskreis aufgebaut.
In der Mitte ist die Sonne. Kolja kennt sich gut aus.
Ein Jahr hat 365 Tage, 12 Monate und 52 Wochen.

Tina weiß: Die Erde braucht ein Jahr,
um die Sonne einmal zu umkreisen.

die Zeit
das Jahr
der Kreis
die Mitte
die Sonne
der Tag
der Monat
die Woche
die Erde
sie geht
sie weiß
bauen
kennen
brauchen

2 Schreibe die Reimwörter auf:
nennen, kennen, …

nennen	gehen	wissen	brauchen	Kreis
k	st	verm	t	Pr
r	w	ger	r	R

3 Aus welchen Wörtern sind die Nomen zusammengesetzt?
Schreibe so: die Jahreszeit – das Jahr, die Zeit, …

die Jahreszeit   der Wochentag

die Kreismitte   der Monatskreis

4 Bilde sinnvolle Sätze: Kolja kennt …

Kolja	wissen	den Jahreskreis.
Tina	kennen	viel über die Sonne.
Alle	weiß	die Monatsnamen.
Wir	kennt	viel über die Zeit.

Übungswörter einzeln und im Textzusammenhang üben;
Reimwörter finden; zusammengesetzte Nomen bilden;
aus Satzgliedern sinnvolle Sätze zusammenstellen

Das bin ich

Ich esse morgens gerne Müsli mit Milch und frischem Obst, weil …

Brot mag ich nicht so gerne, weil …

1 In der Klasse ist Pausenfrühstück.
Was essen und trinken die Kinder?

2 Was frühstückt ihr gern?
Was nicht so gerne? Warum?

3 Was gehört zu einem gesunden Frühstück?
Stellt eine Collage mit Bildern aus Zeitschriften oder mit eigenen Zeichnungen her.

Rezepte

1 Probiert Gemüsegesichter zu legen.

Zutaten
Vollkornbrötchen
Frischkäse
Gurken
Möhren
Radieschen
Schnittlauch
Tomaten

2 Schreibe Sinas Text ab. Unterstreiche die Gemüsenamen.
Oder: Beschreibe dein Gemüsegesicht.

Für die Augen habe ich Radieschenscheiben genommen. Ein Gurkenstück ist die Nase. Die Haare sind aus Schnittlauch. Mit Tomatenstreifen habe ich den Mund gelegt. Sina

3 Schreibe auf, wie Gemüsegesichter zubereitet werden. Verschenke das Rezept an jemanden, den du magst.

Rezept für Gemüsegesichter
Zutaten:
Vollkornbrötchen, ...
Zuerst wäscht man ...
Dann ...
Danach ...
Zum Schluss ...

Einzahl und Mehrzahl

1 An Toms Geburtstag gibt es Gemüsegesichter.
Wovon kaufen Tom und sein Vater eine, wovon mehrere?

eine	mehrere
Zwiebel	Tomaten
...	...

Zwiebel Gurke Tomaten
Radieschen Brötchen
Paprika Möhren Zitrone

Nomen gibt es in der **Einzahl** und in der **Mehrzahl**.
Der Artikel in der Mehrzahl heißt immer **die**:
das Brot – **die** Brote, der Apfel – **die** Äpfel.

2 Schreibe die Nomen für Obst in der Einzahl und in der Mehrzahl auf.
Benutze die passenden Artikel: die Melone – die Melonen, ...

3 Bastle ein Schwarzer-Peter-Spiel.
Immer eine Einzahlkarte und eine Mehrzahlkarte bilden ein Paar.

S. 112

Einzahl und Mehrzahl kennen lernen; Einzahlnomen und Mehrzahlnomen in Tabelle ordnen; unterschiedliche Mehrzahlformen bilden

Silbenkönige: Umlaute

1 Finde im Text alle Wörter mit ä, ö und ü:
Frühstück, …

Im Riesenland sieht ein Frühstück so aus:
Der Riese sitzt an einem gewaltigen Tisch.
Die Tischbeine sind dicke Baumstämme.
Über dem Feuer hängen Töpfe
so groß wie Badewannen.
Darin kochen riesige Würste.
Außerdem isst der Riese gerne Früchte,
manchmal fünf Fässer Äpfel am Morgen.

Man nennt **ä, ö, ü Umlaute**.
Auch Umlaute sind Silbenkönige:
F**ä**sser, T**ö**pfe, N**ü**sse.

2 Finde zu jedem Wort die passende Mehrzahl.
Setze Silbenbögen. Male die Umlaute an:
das Holz – die Hölzer, …

das Holz	der Garten	die G_rten	die K_pfe
das Buch	der Kopf	die W_nde	die W_lder
der Wald	der Strumpf	die H_lzer	die K_sse
die Wand	der Kuss	die B_cher	die Str_mpfe

3 Finde zu jedem Bild das passende Nomen mit einem Umlaut:
Schüssel, …

Ableiten: Wörter mit ä und äu

1 Lest den Text. Was frühstückt ihr zu Hause?

Maria frühstückt. Mama schneidet Obst ins Müsli: einen Apfel, eine Banane und eine Orange. Dazu trinkt Maria ein Glas Milch. Als Gast sitzt heute ihre Freundin Anne mit auf der Küchenbank. Sie trinkt lieber Saft. Papa fragt: Habt ihr heute Nacht auch geschlafen oder nur Quatsch gemacht? Die Mädchen kichern.

2 Finde im Text die verwandten Wörter mit **a**.
Gäste – Gast, Äpfel – …

Gäste   Äpfel   Säfte   Gläser   Küchenbänke   Nächte

Man schreibt ein Wort mit **ä** oder **äu**, wenn es ein **verwandtes Wort** mit **a** oder **au** gibt: Äpfel – Apfel, träumen – Traum.

3 Finde in den Sätzen die fünf Wörter mit **ä** oder **äu**.
Suche verwandte Wörter: träumt – Traum, …

Papa sagt: Träumt doch nicht so lange herum. Los, los, auf die Räder!

Anna und Maria räumen den Tisch ab.

Im Schatten der Bäume machen sie eine Pause.

Sie radeln los. Sie sehen, wie ein Häschen über die Wiese hoppelt.

4 Ordne und schreibe die Sätze aus Aufgabe 3:
Anna und Maria …

S. 100 Richtig schreiben

Rechtschreibstrategie „Ableiten" trainieren: bei ä und äu nach verwandten Wörtern suchen; Sätze mit ä und äu zu einem Text ordnen

Hier üben wir

1 Übe den Text: oder oder .

Frühstück

Die Kinder planen ein gesundes Frühstück.
Sie wollen Brote mit Gemüsegesichtern belegen.
Jedes Kind bringt ein Messer und einen Teller mit.
Vier Kinder kaufen das Gemüse ein.
Thomas zeigt Frau Burgel sein Gemüsegesicht.

Bevor die Kinder essen, decken sie die Tische.

das Frühstück
das Kind
das Brot
das Gemüse
das Messer
der Tisch
planen
bringen
kaufen
zeigen
essen
decken
gesund
vier

2 Lies den Text. Beantworte die Fragen:
1 Die Kinder planen …

1 Was planen die Kinder?
2 Womit wollen sie Brote belegen?
3 Was bringen die Kinder mit?
4 Wie viele Kinder kaufen ein?

3 Sprich die Wörter deutlich. Ordne sie nach Silben. Setze Silbenbögen:
1 Silbe: vier, …
2 Silben: …

vier zeigen Obst Messer Brot Frühstück
kaufen Gesicht Tisch bunt planen essen

4 Ergänze die Lücken und schreibe den Text auf:
Die Kinder …

Die Kinder ___ ihr Frühstück.
Tom ___ sein Brot und Gemüse.
Sina ___ lieber Obst als Gemüse.
Nachdem sie fertig ___ hat,
bringt sie ihren Teller weg.

essen
isst
gegessen
isst

Übungswörter einzeln und im Textzusammenhang üben;
Fragen beantworten; Wörter nach Silbenzahl ordnen;
Personalformen von „essen“ in einen Text einsetzen

2. Jo-Jo-Test

Ein Rezept aufschreiben

1 Schreibe die Arbeitsschritte in der richtigen Reihenfolge auf.

Ich schiebe den Kuchen in den Backofen.

Mama knetet den Teig.

Ich schneide die Äpfel und lege sie auf den Teig.

Sie legt den Teig in die Form.

Aussagesätze und Fragesätze

2 Bilde sinnvolle Sätze und schreibe sie auf.
Es gibt unterschiedliche Lösungen.

Die Kinder	schreibt	die Teller.
Lisa	essen	ein spannendes Buch.
Der Junge	bringt	an die Tafel.
Die Lehrerin	liest	heiße Suppe.

3 Lies den Text aufmerksam.
Mache nach jedem Satz eine Pause.

Lisa hat einen großen Wunsch sie möchte gern einen Hund bekommen wann ist es endlich so weit jeden Tag fragt sie ihre Mutter morgen fahren sie zum Tierheim wer könnte wohl dort auf Lisa warten

4 Schreibe den Text mit den Satzschlusszeichen auf.
Woran musst du am Satzanfang denken?

Sätze zu Rezept ordnen; Aussagesätze bilden; Text mit Satzschlusszeichen aufschreiben; Großschreibung am Satzanfang beachten

Einzahl und Mehrzahl

5 Schreibe die Nomen in der Einzahl und in der Mehrzahl auf.
Setze vor jedes Nomen den Artikel.

Haus Dach Glas Fuß Ball Saft Wort Vogel

6 Male die Umlaute in der Mehrzahl an.

Wörter mit ä und äu

7 Finde die Wortpaare. Male a – ä, au – äu an.

rauben	die R __ me
kaufen	die __ ste
laufen	der K __ fer
saugen	der R __ ber
Ast	das S __ getier
Raum	der L __ fer

Zusammengesetzte Nomen

8 In jedem Bild versteckt sich ein zusammengesetztes
Nomen mit **Tasche**. Schreibe die Nomen mit Artikel auf.

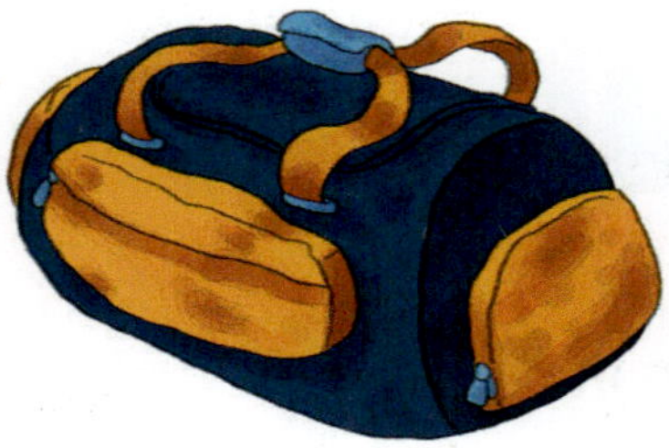

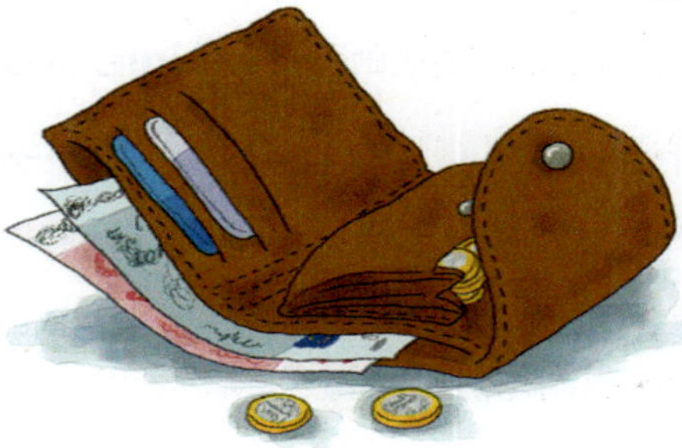

www.freizeit

1 Was tun die Kinder in ihrer Freizeit?

2 Was macht ihr in eurer Freizeit?
Fragt andere Kinder und erzählt.

> Wie oft trainierst du in der Woche?

3 Schreibe auf, wie du deine Freizeit verbringst.
Male dazu.

4 Gestaltet mit euren Texten und Bildern eine Plakatwand.

gezielt nachfragen, Inhalte zuhörend verstehen: über Freizeitaktivitäten sprechen; informieren: Freizeitaktivitäten beschreiben und plakatieren

Texte überarbeiten

1 Lest Tims Geschichte. Wie gefällt sie euch?

Gestern war ich auf dem Spielplatz.
Zuerst war niemand da.
Ich musste alleine schaukeln.
Dann war es mir zu langweilig.
Dann kam mein Freund Alex.
Dann spielten wir zusammen Fußball.
Dann flog der Ball über den Zaun in einen Garten.
Wir konnten ihn nicht herausholen.
Dann kam der Bruder von Alex und hat uns geholfen.
Tim

2 Meint ihr, Tim sollte etwas an seiner Geschichte ändern?

3 Schreibe die Geschichte mit unterschiedlichen Satzanfängen.
Vergleicht eure Ergebnisse: Gestern war ich …

Satzanfänge

Endlich • Zum Glück • Plötzlich • Leider • Danach • Dann
Am Anfang • Auf einmal • Später • Zuerst • Gestern

4 Setze Satzanfänge ein und schreibe den Text auf.
Am Computer kannst du unterschiedliche Satzanfänge ausprobieren.

1 war ich mit meinen Eltern und meiner Schwester im Zoo.
2 schauten wir lange den Affen zu.
3 wollte ich die Elefanten sehen. Sie wurden gerade gefüttert.
4 durfte ich mir ein Eis kaufen.
5 wollte meine Schwester auch noch zu den Giraffen.
6 fuhren wir heim.

unterschiedliche Satzanfänge
als erzählerisches Mittel kennen lernen;
Texte mit unterschiedlichen Satzanfängen schreiben

Texte verfassen S. 138

Vorsilben

1 Schreibe die Sätze mit den passenden Vorsilben:
Ein Rennauto ....

auf ver vor über

Ein Rennauto kann ein anderes ___ holen.
Luftballons kann man ___ blasen.
Im Wald kann man sich gut ___ stecken.
Geschichten kann man ___ lesen.

2 Würfle mindestens fünf Vorsilben. Finde zu jeder Vorsilbe ein passendes Verb und schreibe damit einen Satz:
⚀ *ab: Ich muss meinem Bruder von allem etwas abgeben.*

⚀	ab
⚁	mit
⚂	nach
⚃	auf
⚄	ein
⚅	vor

spielen
schreiben
fahren
nehmen
geben
singen

3 Setze die Verben richtig ein und schreibe den Text auf. Dabei musst du die Verben von den Vorsilben trennen:
Heute geht es los. Der Bus ...

Heute ___ es ___.
Der Bus ___ um 8 Uhr ___.
Die Eltern ___ ihre Telefonnummer ___.
Herr Wolff ___ die Zettel ___.
Dann ___ die Kinder ___.
Herr Wolf ___ noch einmal ___, ob alle da sind.

losgehen
abfahren
aufschreiben
einsammeln
einsteigen
nachzählen

S. 124 Sprache untersuchen

Veränderung der Wortbedeutung durch Vorsilben erfahren und in Sinnzusammenhängen anwenden; Wörter mit Vorsilben in Lückentext einsetzen

Wörter mit aa, ee, oo (M)

1 Wie heißen diese Boote?
Findet gemeinsam die richtigen Namen.

Segelboot
Schlauchboot
Motorboot
Ruderboot
Tauchboot

2 Schreibe zu jeder Ziffer den richtigen Bootsnamen.
Male in jedem Bootsnamen oo an:
1 Segelboot, ...

3 Welcher Schläger passt zu welchem Ball? Schreibe die vollständigen Wörter. Male die doppelten Selbstlaute an:
Klee, ...

4 Bilde zusammengesetzte Nomen mit **Haar**, **See** und **Beere**:
der Seehund, die Haarfarbe, ...

Hund · Farbe · Pferdchen · Erd · Farbe

Bürste · Him · Rose · Spange · Heidel

Wörter mit sp und st

1 Was machen Jan und Jule gerne?
Wähle sechs Sätze aus. Male Sp/sp und St/st an:
Sie spielen mit der Katze. Sie …

mit der Katze spielen	Drachen steigen lassen	ein spannendes Buch lesen
ins Wasser springen	in der Nacht Sterne anschauen	die Sportschau ansehen
auf einen Turm steigen	Spätzle mit den Fingern essen	schöne Steine sammeln

Am Wortanfang sprechen wir **schp** und **scht**:
der **St**ein, das **Sp**iel.

2 In den Steinhaufen stehen Wörter ohne Anfangsbuchstaben.
Schreibe die Wörter. Ergänze Sp/sp oder St/st:
Sp/sp: das Spiel …
St/st: stehen …

3 Sprich schnell und ohne Fehler.

Spitze Stiefel stoßen stets
an spitze Steine
auf steinigen Straßen.

Der Stier läuft
über Stock und Stein
schon stundenlang
und ganz allein.

S. 98 Richtig schreiben

Sätze mit Sp/sp- und St/st-Wörtern bilden;
Sp/sp und St/st den passenden Wortenden zuordnen;
Zungenbrecher mit Sp/sp und St/st üben

Hier üben wir

1 Übe den Text: oder oder .

Nach der Schule

Lotta ist zu Hause.
Keiner kann heute mit ihr spielen.
Felix muss zum Sport. Lara besucht ihre Oma.
Lotta überlegt: Soll sie fernsehen, lesen
oder ein Computerspiel machen?
Sie nimmt ein Buch und liest.

Morgen wird sie Lara und Felix
die Geschichte erzählen.

der Sport
der Computer
das Spiel
das Buch
sie überlegt
sie nimmt
sie liest
sie wird
spielen
müssen
fernsehen
erzählen
heute
morgen

2 Wie heißen die Übungswörter? fernsehen, ...

fernsehen Sport erzählen heute

Computer müssen spielen liest

3 Welche Verben passen zu den Nomen? das Spiel – spielen, ...

das Spiel | der Fernseher | der Erzähler | die Leserin

4 Bilde Sätze: Ich nehme das Buch mit nach ...

Ich	nimmst	das Buch mit nach Hause.
Felix	nehme	das Spiel aus dem Regal.
Du	nehmen	die Sporttasche mit.
Die Kinder	nimmt	am Sportfest teil.

5 Wer tut was? Schreibe verschiedene Sätze: Lotta ...

Lotta erzählt ...
Felix liest ...
Lara spielt ...

vom Sport. | einen Witz. | eine Geschichte. | mit ihrer Oma. | mit einem Computerspiel. | von der Schule.

Übungswörter einzeln und im Textzusammenhang üben;
Sätze aus Satzteilen bilden;
Verben zu Nomen finden

Frühling

1 Woran erkennst du, dass dieses Bild den Frühling zeigt?

2 Was gefällt dir am Frühling?

Blumen

keine Winterjacke mehr

Sonne

???

Im Frühling verändert sich die Natur: Der Schnee …

3 Sammelt Stichwörter zum Thema „Frühling“ an der Tafel.

Beobachtungen wiedergeben: den Frühling in einem Bild entdecken, Stichwörter sammeln; argumentieren: eigene Vorlieben begründen

Gedichte schreiben

1 Warum nennt man diese Gedichte Elfchen?
Erkläre es mit dem Bauplan in der Wolke.

2 Lerne ein Elfchen auswendig und trage es vor.

3 Schreibe ein Elfchen mit diesen Wörtern.

Blau | Der Himmel | Frühling

Wolken, die gleiten | Ich mag diese Farbe

Adjektive kennen lernen

1 Lina und Tim spielen Murmeln.
Beschreibt, zählt und überlegt:

Wie sehen Tims und Linas Murmeln aus?

Welche Murmeln sind im Ziel?

Wer hat bis jetzt besser gespielt?

2 Beschreibe Tims und Linas Murmeln.
Benutze die Adjektive **rot, blau, groß** und **klein**:
Tims Murmeln sind …

Wörter, die sagen, wie etwas ist,
nennt man **Adjektive**: klein, rot.

3 Finde die Gegensätze. Schreibe die vollständigen Sätze:
Was nicht groß ist, das ist klein. Was …

Was nicht groß ist, das ist …
Was nicht schmutzig ist, das ist …
Was nicht schmal ist, das ist …
Was nicht nah ist, das ist …
Was nicht kalt ist, das ist …
Was nicht schwarz ist, das ist …
Was nicht langsam ist, das ist …
Was nicht dunkel ist, das ist …

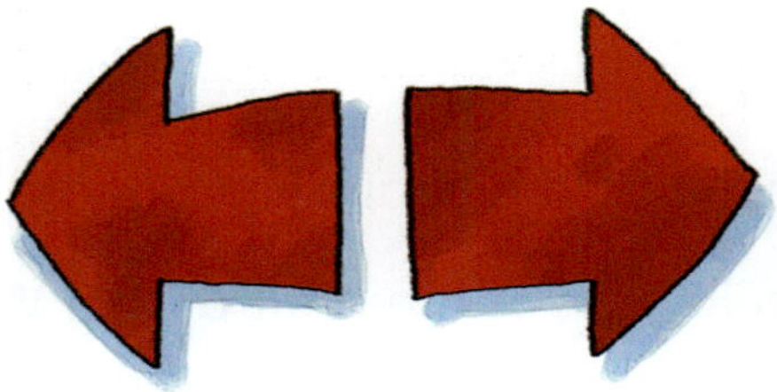

heiß
schnell
breit
hell
klein
weiß
weit
rein

Spielstand eines Murmelspiels erklären;
Adjektive kennen lernen, in Sinnzusammenhängen üben; Gegensatzpaare bilden

Adjektive verwenden

1 Schreibe, welcher Hase welches Ei versteckt.
Unterstreiche in jedem Satz die Adjektive:
Der grüne Hase versteckt das Ei mit den grünen …

2 Wähle ein Rätsel und schreibe es ab. Male die Lösung dazu.
Unterstreiche in deinem Rätsel die Adjektive.

Ein zartes Glöckchen
im weißen Röckchen
läutet das Winterende ein
und verkündet:
Frühling wird's sein.

Im tiefen Wald ist er geboren,
hat zwei lange braune Ohren.
Er hoppelt durch das grüne Gras,
ja, das ist der kleine …

Süß ist's, was ich schaffe,
gefährlich meine Waffe.

Ich kenn ein kleines weißes Haus,
hat nichts von Fenstern, Türen, Toren.
Und will, wer drinnen wohnt, heraus,
muss er die dünne Wand durchbohren.

3 Suche auch in den anderen Rätseln die Adjektive:
Adjektive: tief, …

Merkwörter mit v (M)

1 Schreibe aus dem Text alle Wörter mit V oder v auf. Male die Anfangsbuchstaben farbig an: Viktor, …

Viktor und Viola sind mit ihrem Vater auf dem Frühlingsfest. Viele Menschen drängen sich vor den Ständen.
Vorsichtig klettert Viktor auf das Karussell.
Viola fährt vergnügt mit der Achterbahn.
An der Losbude versuchen sie ihr Glück.
Sie greifen in den vollen Lostopf und gewinnen eine Blumenvase und ein violettes Armband mit vier Anhängern. Viola bindet es gleich um.
„Aber was machen wir mit der Vase?", fragt sie.
„Die schenken wir Tante Vera", sagt ihr Vater.

2 Bilde Wörter mit den Vorsilben **vor** und **ver**: vorlesen, …

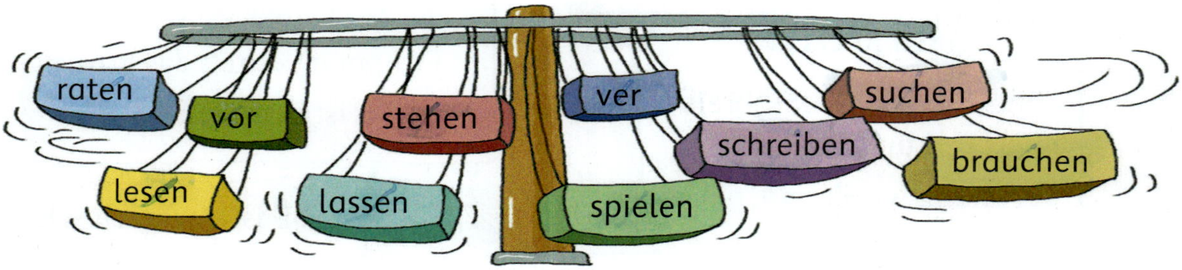

3 Wie klingt das v? Sprich die Wörter. Ordne sie in die Tabelle:

Vampir 	Vogel 
Vase	Veilchen
…	…

Vor- und ver-
schreibt jeder Herr
und jede Frau
mit Vogel-V.

Vase · Verein · Veilchen · Vater · viele · vergessen
Vorteil · Verben · Advent · Klavier · vorbei · Vanillepudding

S. 104 Richtig schreiben

Wörter mit V/v aus einem Text herausschreiben;
Verben mit den Vorsilben ver- und vor- bilden;
Wörter mit V/v nach Klang sortieren

Hier üben wir

1 Übe den Text:  oder  oder .

Der Frühling ist da

Die Veilchen blühen. Die Vögel singen.
Die Kinder bauen schöne Windspiele.
Lina schmückt ihr Windspiel mit bunten Bändern.
Jan hat viele rote und blaue Tupfer aufgemalt.
Sie wissen auch schon einen Platz für ihre Windspiele.
Sie sollen über der Haustür hängen.

Es ist lustig,
wie die Bänder im Wind fliegen.

der Frühling
das Veilchen
die Vögel
der Wind
das Band
der Platz
die Tür
schmücken
wissen
hängen
fliegen
bunt
blau
lustig

2 Finde die verwandten Übungswörter:
früh – Frühling, die Türen – …

früh | die Türen | die Plätze | sie fliegt
er schmückt | die Bänder | der Vogel

3 Bilde Wörter und schreibe sie auf:
die Fliege, …

Flie | Zie | Bie | Rie | Spie | Wie
ne | se | ge | le

4 Schreibe den Text mit den passenden Verben:
Lina hängt …

Lina ___ ihr Windspiel über die Haustür.
Jan ___ noch bunte Tupfer an.
Dann ___ auch er sein Windspiel aufhängen.
Beide Kinder ___ den Windspielen zu.
Die Bänder ___ im Frühlingswind.

hängt | fliegen | sehen | kann | malt

Natur entdecken: Pflanzen

1 Welche Pflanzen entdeckt ihr auf dem Bild?

2 Stelle dir deinen eigenen Garten vor.
Beschreibe, was dort wachsen soll.
Begründe deine Wahl.

Gras | Bäume | Früchte | Gemüse | Blumen

Sachverhalte beschreiben: unterschiedliche Pflanzen und einen Fantasiegarten; Begründungen geben: Auswahl von Pflanzen begründen

Bildergeschichten aufschreiben

1 Betrachtet die Bilder genau. Was passiert mit den Bohnen?
Was verraten die Gesichter der Kinder?

Angeber

Bohnen Wasser Glas Teller

Bohnen knallen erschrickt

erklärt

2 Erzählt die Geschichte gemeinsam.
Überlegt euch eine passende Überschrift.

3 Gib den beiden Kindern Namen.
Schreibe die Geschichte auf.

eine Bildergeschichte erzählen;
eine Bildergeschichte aufschreiben;
Personennamen und passende Überschrift finden

Texte verfassen S. 136

Verkleinerungsformen

1 Erzählt, wie aus dem Bohnensamen eine Pflanze wird.

Am 1. Tag	Am 5. Tag	Am 9. Tag	Am 24. Tag

nur Erde zu sehen	kleiner Trieb	erste Blättchen zu sehen	viele Blätter, Bohne wird ins Freie gepflanzt

2 Suche im Text alle Wörter mit -chen und schreibe sie auf:
Pflänzchen, …

Im Mai sind aus den zarten Pflänzchen kräftige Pflanzen geworden.
Die kleinen Blättchen sind zu großen Blättern gewachsen.
Die Töpfchen sind nun zu klein, wir pflanzen die Bohnen ins Freie.
Dort lockern kleine Tierchen für die Pflanzen den Boden auf.
Weil ihre Stängelchen dünn und lang sind, brauchen sie eine Stütze.
Im Juli können wir unsere Bohnen ernten.

3 Schreibe zu jedem Wort die Verkleinerungsform mit -chen:
Wurm – Würmchen, …

Wurm	Pflanze	Blatt	Stock	Tier
Stängel	Blumen	Topf	Baum	Garten

4 Diese Wörter kennst du sicherlich.
Versuche einmal, sie ohne Verkleinerungsform zu schreiben:
Rotkäppchen – Rotkappe, …

Rotkäppchen · Eichhörnchen · Glühwürmchen
Schneeglöckchen · Brötchen · Fischstäbchen

ein Bohnentagebuch „erlesen“; Verkleinerungsformen herausschreiben und bilden; mit Verkleinerungsformen sprachspielerisch umgehen

Wortstamm und Wortfamilie

1 Bilde Wörter. Unterstreiche den Wortstamm **Pflanz** oder **pflanz**: umpflanzen, …

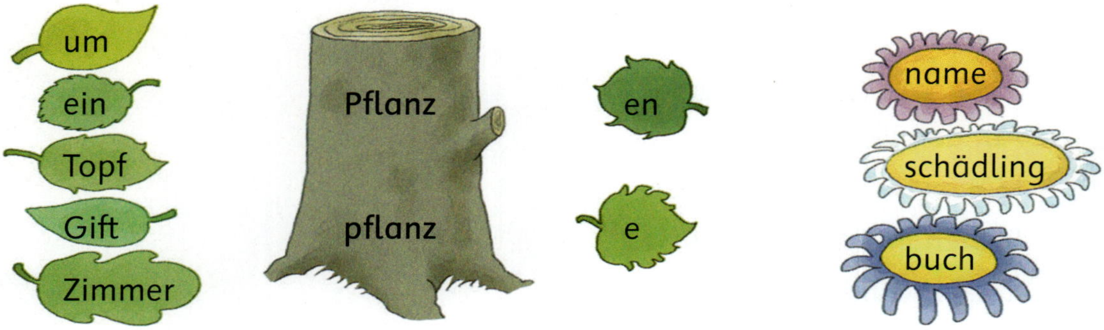

Jedes Wort hat einen **Wortstamm**, der meist gleich bleibt.
Wörter mit dem gleichen Wortstamm bilden eine **Wortfamilie**:
einpflanzen, Topfpflanze, Pflanzenname.

2 In jeder Reihe passt ein Wort nicht. Schreibe nur die passenden Wörter. Unterstreiche die Wortstämme:
pflanz: … gieß: … stamm: …

umpflanzen	setzen	die Pflanze	pflanzen
gießen	die Gießkanne	eingießen	die Blume
Baumstamm	Wortstamm	das Beet	abstammen

3 Ergänze die Sätze mit den passenden Wörtern. Unterstreiche den Wortstamm **brenn**:
Eine Brennnessel darf man …

Eine ___ darf man nicht berühren.
Die Flamme ___ das Wachs der Kerze.
Der Milchreis im Topf kann leicht ___.
Alles, was brennen kann, ist ___.

verbrennt
brennbar
Brennnessel
anbrennen

Merkwörter mit h (M)

1 Finde in den Sätzen und im Bild die Wörter der Wortfamilien **zählen** und **fühlen**. Male in jedem Wort das h an:
zählen: unzählige, ...
fühlen: ...

Auf den Wiesen
blühen unzählige Blumen.
Bienen und Schmetterlinge
fliegen von Blüte zu Blüte.
Eine Schnecke tastet sich
mit ihren Fühlern
durch das Gras
am Wegrand.

2 Bilde Wörter mit dem Wortstamm **fahr**.
Male in jedem Wort das h an: losfahren, ...

3 Suche aus jeder Wortfamilie zwei weitere Wörter.
Du kannst auch in der Wörterliste nachsehen:
lehren: ...
fehlen: ...
wählen: ...

S. 106 Richtig schreiben

Hier üben wir

1 Übe den Text: oder oder .

Im Frühling

Das Wetter ist gut. Die Sonne scheint warm.
Keine Wolken verdecken sie.
Im Garten gibt es viel Arbeit.
Wir setzen kleine Pflanzen in die Erde.
Die Bauern arbeiten auf dem Feld.
Auf der Wiese stehen viele Blumen.

Wenn wir ganz leise sind,
können wir die Vögel in den Bäumen hören.

das Wetter
die Wolke
der Garten
die Pflanze
der Bauer
das Feld
der Vogel
die Bäume
scheinen
decken
setzen
arbeiten
stehen
warm
viel
ganz

2 Suche im Text alle Wörter, die mit -en enden:
Wolken, …

3 Schreibe die Nomen mit ihrer Verkleinerungsform auf:
Garten – Gärtchen, …

Garten Blume Baum Wolke Vogel

4 Baue Sätze: Die Bauern …

Die Bauern	setzen	auf den Feldern.
Ich	arbeiten	Pflanzen in die Erde.
Wir	stehe	im Garten.
Ein Vogel	sitzt	ganz oben im Baum.

5 Sortiere die Wörter nach den drei Wortfamilien:
Wortfamilie 1: … Wortfamilie 2: … Wortfamilie 3: …

scheinen die Wärme pflanzlich warm die Pflanze
der Sonnenschein wärmen pflanzen sie scheint

Übungswörter einzeln und im Textzusammenhang üben;
Wörter nach Wortfamilien ordnen;
Sätze aus Satzteilen bilden

3. Jo-Jo-Test

Texte überarbeiten

1 Schreibe den Text mit passenden Satzanfängen.

Tim feiert seinen Geburtstag im Kinderland.
Endlich sind alle seine Gäste eingetroffen.
▭ stürmen alle los und rutschen.
▭ probieren sie den neuen Wackelpilz aus.
▭ trinken sie etwas. ▭ ist Tim verschwunden.
▭ findet ihn Sabine wieder.
Um 18 Uhr müssen alle nach Hause.

Adjektive erkennen

2 Ein Wort in jeder Zeile passt nicht dazu. Schreibe nur die Adjektive.

schwer • dick • laufen • hell • riesig • gewaltig

süß • sauer • groß • schwimmen • salzig • blau

rund • bauen • schnell • hoch • hastig • neu

3 Bilde Gegensatzpaare und schreibe sie auf.

groß dünn schmutzig
dunkel trocken

dick sauber klein
hell nass

Verkleinerungsformen

4 Verkleinere die Wörter mit -chen.
Ein Wort lässt sich nicht verkleinern. Lasse es weg.

Punkt Hase Puppe Heizung Stock

Blume Wolke Stab Finger Hand

Text mit unterschiedlichen Satzanfängen schreiben;
Adjektive von Verben unterscheiden;
Gegensatzpaare und Verkleinerungsformen bilden

Wortstamm und Wortfamilie

5 Bilde mit diesen Bausteinen Wörter aus der Wortfamilie **rollen**.
Unterstreiche in den Wörtern den Wortstamm.

auf	roll	er
hinunter	Roll	en
zusammen		feld
aus		e
		treppe
		schuhe

Wörter und Texte richtig schreiben

6 Schreibe die Sätze ab.
Ergänze Sp/sp oder St/st.

Tom ▢richt oft ▢undenlang über ▢ort.
Die Kinder ▢ielen auf der ▢raße.
Sandra ▢eigt auf einen ▢eilen Berg,
▢effis ▢iefel sind ▢itz.

7 Schreibe den Text richtig auf.
Achte auf Nomen und Satzanfänge.

im frühling blühen die tulpen.
es gibt sie in vielen farben:
sie sind rot, gelb, lila oder orange.
andi malt eine gelbe tulpe
auf ein blatt papier.
dann schreibt er noch ein elfchen dazu.

Wie wir leben

1 Worüber sprechen die Hansens?

2 Warst du schon einmal allein zu Hause? Wie ging es dir dabei? Erzähle davon.

> Ich bin gerne allein zu Hause. Da kann ich …

3 Spielt das Gespräch. Wie könnte es weitergehen? Findet eine Lösung, die allen Mitspielern gut gefällt.

Konflikte diskutieren, Perspektiven einnehmen: ein Gespräch spielen, eine Lösung finden; von Erfahrungen und Gefühlen berichten

Texte vortragen

1 Lies die beiden Witze von Nina.

Marie hat ihre erste Reitstunde.
Sie sitzt auf einem Pferd.
Es fängt an zu traben,
dann galoppiert es.
Marie rutscht vom Pferd.
Jetzt hält sie sich nur noch
am Schwanz fest und ruft:
„Bringt mir ein neues Pferd.
Das hier ist zu Ende."

Ein Junge fällt in einen See.
Ein Mann rettet ihn und fragt:
„Warum bist du denn
nicht geschwommen?"
Der Junge antwortet:
„Auf dem Schild steht doch
Schwimmen verboten!"

2 Wähle einen Witz und übe, ihn vorzutragen.
Bitte einen Zuhörer, dich zu beraten.

Sprich beim Vorlesen langsam, laut und deutlich.
Mache nach jedem Satz eine Pause.
Wichtige Wörter kannst du betonen.

3 Schreibe selbst einen Witz auf und trage ihn vor.

einen Text auswählen und gut vortragen;
um Hilfe bitten;
einen Witz aufschreiben

Texte verfassen S. 142

Aufforderungssätze

1 Erzähle von Gelegenheiten, in denen du solche Sätze gesagt oder gehört hast.

2 Manchmal müssen Eltern auch etwas streng sagen:
Schreibe Aufforderungssätze: Du musst dein Zimmer aufräumen! ...

Du darfst ...!

Du musst ...!

dein Zimmer aufräumen

nicht zu spät kommen

den Schulbus nicht verpassen

die Sporttasche mitnehmen

das Pausenfrühstück einpacken

Nach **Aufforderungssätzen** steht ein **Ausrufezeichen**:
Komm schnell! Du darfst nicht zu spät kommen!

3 Schreibe die Aufforderungssätze aus Aufgabe 2 so:
Räume das Zimmer auf! ...

Räume ... auf! | Komm ...! | Nimm ... mit! | Verpasse ...! | Packe ... ein!

4 Wie klingen all diese Aufforderungssätze für das Kind?
Wie könnten die Eltern sie anders formulieren? Probiere es aus.

Aufforderungssätze kennen lernen und mit Modalverben und mit Imperativen bilden; die Wirkung unterschiedlicher sprachlicher Mittel vergleichen

Satzarten und Satzschlusszeichen

1 Lest die Sätze laut. Betont sie unterschiedlich.

Kannst du mir bitte Kakao eingießen

Ich muss mir noch die Zähne putzen

Pass doch auf

Beeile dich

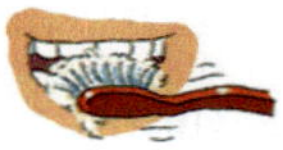

Warte auf mich

Iss dein Müsli

Ich hole dich heute von der Schule ab

Hast du deine Geschichte eingepackt

Willst du einen Apfel mitnehmen

2 Schreibe die Sätze auf. Setze passende Satzschlusszeichen:
Kannst du mir bitte Kakao eingießen? Warte auf …!

3 Bilde sinnvolle Aussagesätze und schreibe sie auf.
Setze das richtige Satzschlusszeichen:
Ich helfe in der …

Ich	deckt	die Bettbezüge
Mein Bruder	räumt	einen Kuchen
Mutter	helfe	in der Küche
Opa	wäscht	ein Fest
Papa	feiern	sein Zimmer auf
Wir	backt	den Tisch

4 Verwandle deine Sätze aus Aufgabe 3 in Fragen.
Vergleicht eure Lösungen: Helfe ich in der Küche? …

Wörter mit b, d, g verlängern

1 Lies den Text.

Omas Geschichten sind spannend.
Heute erzählt Oma von einem König,
der auf einer Burg auf einem hohen Berg lebte.
An einem schönen Sommertag
kam sein Freund auf einem Pferd angeritten.
Er erzählte ihm von einem Zwerg
mit einem Zauberstab.
Der wohnte tief im Wald und man konnte
nur über einen langen und steinigen Weg
zu ihm gelangen.
Doch hier war Jana schon eingeschlafen.

2 Suche zu jeder Verlängerung das passende Wort im Text:
Berge – Berg, …

Berge	Freunde	Wege	Sommertage	Zwerge
Burgen	Pferde	Wälder	Könige	Zauberstäbe

3 Verlängere die Wörter. Schreibe die Wortpaare:
Hände – Hand, …

Han_ Kor_ Hu_ Ra_ Klei_ Bro_ Geschen_ Ta_ Kin_ Hem_

> Schreibt man am Wortende **b** oder **p**, **d** oder **t**, **g** oder **k**?
> **Verlängern** mit „alle“ hilft beim richtigen Schreiben:
> Berg – alle Berge, Hand – alle Hände.

Rechtschreibstrategie „Verlängern“; Wörter mit Auslautverhärtung verlängern und richtig aufschreiben

Hier üben wir

1 Übe den Text: oder oder .

Kuchen backen

Morgen kommen Vater und Mutter wieder.
Oma und die Kinder backen einen großen Kuchen.
Der Teig muss noch etwas in der Schüssel liegen.
Dann rollt ihn Leon aus.
Sofia legt das Obst auf den Teig.

Oma schiebt den Kuchen in den heißen Ofen.

der Kuchen
der Vater
die Mutter
das Kind
der Teig
die Schüssel
der Ofen
backen
liegen
rollen
legen
schieben
groß
heiß
etwas

2 Finde alle Verben im Text: backen, …

3 Finde die passenden Silben. Schreibe die Wörter:
Bruder, …

Bru | Kü | Schwes | hel | Ku | Schüs

ter | sel | chen | der | fen | che

4 In jedem Wort stecken zwei zusammengesetzte Nomen:
der Obstkuchen – der Kuchenteig, …

Obstkuchenteig | Backblechkuchen | Küchentischtuch

Rollbrettspiel | Obstsalatschüssel | Ofentürgriff

5 Hier sind einige Wörter rückwärts geschrieben.
Schreibe den Text richtig auf: Leon ist …

Leon ist der redurB von Nina und Sofia.
Sofia und Nina sind seine nretsewhcS.
Morgen kommen retaV und rettuM wieder.
Die Kinder können schon viel nefleh.
Sie müssen nur noch die ehcüK neztup.

Sommer

Ich lieb den Sommer,
ich lieb den Strand, das Meer,
Sandburgen bauen
und keinen Regen mehr,
Eis essen, Sonnenschein.
So sollt's immer sein.

1 Ist das ein Gewimmel! Wo sind Sina und Tom?

2 Erkundige dich bei einem anderen Kind, worauf es sich in den Ferien freut. Berichte in der Klasse darüber.

Lea freut sich aufs Freibad.

Beobachtungen wiedergeben: zu einem Bild erzählen; Perspektiven einnehmen: berichten, worauf ein anderes Kind sich freut

Botschaften schreiben und entschlüsseln

1 Wann schreibt man einen Brief, wann eine Postkarte? Und wer verfasst eine geheime Botschaft? Diskutiert.

Liebe Oma,
hier ist es toll. Ich bin den ganzen Tag im Wasser. Gestern war ich bei einer Schatzsuche dabei.

Deine Kati

Frau Steffi Math
Holzstr. 6
12345 Hohl

2 Schreibe die Postkarte ab.
Oder: Schreibe eine eigene Postkarte.

3 Entschlüssele die geheime Botschaft:
Suche den …

Merkzettel Briefpost:
Briefmarke
Anschrift:
– Name
– Straße
– Postleitzahl
– Ort

4 Schreibe selber eine geheime Botschaft.

Wortfelder

1 Lest den Text. Überlegt, welche Verben am besten in die Lücken passen.

Dilara und Tom sind im Freibad.
Dilara kann schon gut ___.
Sie ruft: „Tom, komm doch!"
Aber Tom steht am Beckenrand.
Er ___ mit den Füßen im warmen Wasser.
„Sei kein Feigling", ruft Dilara.
Aber Tom denkt daran, wie die anderen über ihn lachen, wenn er durch das Wasser ___.
„Wie ein Hund", sagen sie.
Er will auch endlich ___ und ___ können.

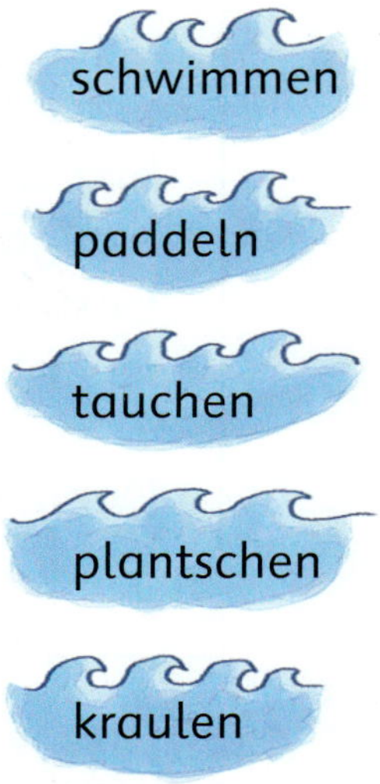

2 Schreibe den Text mit den passenden Verben auf. Vergleicht eure Lösungen.

3 Angle die passenden Wörter:

essen	sprechen
speisen	piepsen
…	…

4 Bilde mit fünf Verben Sätze: Silke flüstert mit Tom.
Oder: Schreibe eine kurze Geschichte mit den Verben.

Verben aus einem Wortfeld im Textzusammenhang anwenden; Verben nach Wortfeldern sortieren/im Satzzusammenhang gebrauchen

Wörterspiele

1 In jedem Bild versteckt sich ein zusammengesetztes Nomen mit **Wasser**. Schreibe die Nomen mit Artikel auf:
der Wasserfall, …

2 Verstecke diese Wasserwörter in Bildern.
Oder: Verstecke eigene Wasserwörter.

Wasserschlauch
Wassergras
Wasserski
Wasserpolizei

3 Hier stimmt etwas nicht. Wie heißen die Wörter richtig?
Sommerferien, …

Feriensommer	Strandsand	Reiseferien
Strahlensonne	Taubenbrief	Wetteraugust

4 Jedes Kind erzählt, woher es kommt. Vergleicht die Sprachen.

zusammengesetzte Nomen in Bilderrätseln entdecken;
spielerisch mit zusammengesetzten Nomen umgehen;
Sprachen vergleichen

Sprache untersuchen S. 122

Wörter mit doppelten Mitlauten

1 Welche Wörter schaukeln in den Wellen?
Schreibe sie auf. Zeichne Silbenbögen: Schiffe, …

2 Jeder Rettungsring gehört zu einem Schiff.
Schreibe die Wörter in den Booten vollständig auf.
Male die doppelten Mitlaute an: hell, schnell, …

3 Suche in der Wörterliste unter **M/m** und **S/s** Wörter mit doppeltem Mitlaut. Male die doppelten Mitlaute an: Mann, …

4 Malt große Eistüten. Schreibt ein Wort hinein.
Wer ein Reimwort weiß, schreibt es dazu.
Tipp: Reimwörter findest du in Aufgabe 2.

S. 96 Richtig schreiben

Wörter mit doppelten Mitlauten zusammensetzen und ergänzen; Silbenbögen setzen; mit der Wörterliste arbeiten

Hier üben wir

1 Übe den Text: oder oder .

Am Wasser

Sina und Tom spielen am See.
Sie werfen kleine Steine ins Wasser.
Die Kinder haben ein Boot dabei
und wollen es schwimmen lassen.
Da hören sie es leise donnern.
Ein Gewitter zieht herauf.

Schnell müssen Tom und Sina
alle Sachen zusammenpacken
und nach Hause gehen.

der See
das Boot
der Stein
das Gewitter
es zieht
spielen
schwimmen
donnern
packen
gehen
schnell
sie
herauf
zusammen

2 Welche Wörter aus dem Text stecken in der Wasserschlange? Boot, …

3 Schreibe die Reimwörter:

schnell   zielen
hell   …

schnell	zielen	stehen	fein	wollen
h	sp	g	St	r

4 Schreibe den Text mit den passenden Wörtern auf.

Das  ist schon warm.
Die Kinder haben ein  gebaut.
Das  soll im  schwimmen.

Übungswörter einzeln und im Textzusammenhang üben;
Reimwörter finden; Bildwörter verschriften;
eine Fantasiegeschichte schreiben

Ich liebe Bücher

1 Welches Buch würdest du am liebsten lesen? Warum?

2 Bringe dein Lieblingsbuch mit und stelle es in der Klasse vor. Nenne Autor und Titel und beschreibe, wovon es handelt.

Mein Lieblingsbuch heißt …
Der Autor, der das Buch geschrieben hat, heißt …
Es handelt von …

Lernergebnisse präsentieren, Fachbegriffe benutzen: ein Buch begründet auswählen und vorstellen

Steckbriefe und Diagramme

1 Welche Bücher lesen die Kinder der Klasse 2a?
Erklärt das Diagramm.

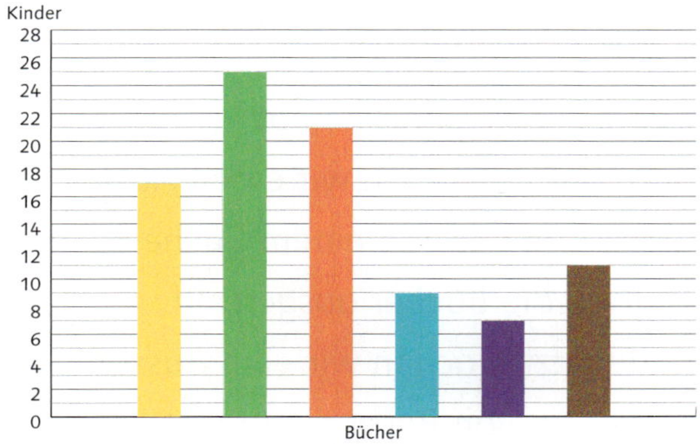

- Sachbücher: 17 Kinder
- Geschichten: 25 Kinder
- Krimis: 21 Kinder
- Märchen: 9 Kinder
- Bilderbücher: 7 Kinder
- Bastelbücher: 11 Kinder

2 Macht eine Umfrage zu Lieblingsbüchern in eurer Klasse.
Stellt die Ergebnisse als Diagramm dar.

3 Kennst du eines der Bücher, das die Kinder vorstellen?
Welches gefällt dir besser? Begründe deine Wahl.

Autorin: Cordula Tollmien
Titel: Feriengeschichten
Illustratorin: Lucy Krüger
Seitenzahl: 59 Seiten
Lesealter: ab 7–10 Jahre

In den Ferien ist fast alles möglich. Yannik und Julia dürfen bei der Geburt eines Kälbchens dabei sein, Julian vergisst seinen heiß geliebten Gameboy und Mirjam hat plötzlich keine Angst mehr vor dem Wasser.

Autorin: Ilse Kleberger
Titel: 2:0 für Oma
Illustrator: Rolf Bunse
Seitenzahl: 191 Seiten
Lesealter: ab 6 Jahre

Oma beweist nicht nur, dass sie viel von Fußball versteht und spielen kann. Sie hilft auch der italienischen Familie Volpone in einer schwierigen Situation.

4 Beschreibe dein Lieblingsbuch.
Nimm die Buchbeschreibungen oben als Vorbild.

ein Diagramm lesen; Umfrageergebnisse in Form eines Diagramms festhalten; Buch begründet auswählen; Lieblingsbücher nach Muster beschreiben

Texte verfassen S. 146

Die Bücherei kennen lernen

1 Lest den Text über die Bücherei und die Bücher.

Frau Mayer ist die Leiterin der Bücherei.
Sie erzählt den Kindern, was es mit dem Plakat auf sich hat:
„Jeden Monat stellen wir einen Autor oder eine Autorin vor. Auf einem Büchertisch sind dann die Bücher ausgestellt.
Gerade jetzt machen wir eine Ausstellung mit Büchern von Bettina Obrecht.
Hinten auf dem Buchumschlag steht meistens, wovon das Buch handelt. So könnt ihr sehen, ob euch das Thema interessiert."

2 Welcher Textausschnitt gehört zu welchem Buch?

Schon lange weiß Anna, wen sie einladen will: Lara, Moritz und Mücke. Anna weiß auch schon, was sie sich wünscht: einen Hund sowieso.

Leo hat einen richtigen Freund. Ganz für sich allein. Der Freund heißt Mick. Sie sind immer zu zweit.

Du kannst mir ja beweisen, was für ein Super-Radfahrer du bist. Wir machen einfach ein Wettrennen. Heute Nachmittag um drei am Rathausbrunnen.

3 Welches Buch von Bettina Obrecht möchtest du einmal lesen? Erkläre warum.

zum Lesen und zu einem Bibliotheksbesuch anregen;
Bücher von Bettina Obrecht kennen lernen;
Inhaltsangaben lesen und verstehen

Geschichten entwickeln

1 Welcher Geschichtenanfang passt zum Bild?
Erfindet dazu in der Klasse eine Geschichte.

Es war einmal eine Zauberin. Die verkleidete sich als Hausmeister in der Schule …

Räuber Knotter ist in die Schule eingebrochen. In seinen Sack hat er … gesteckt.

Einmal sah ich auf der Straße einen alten Mann. Der zog einen Handwagen. Darauf war …

2 Schreibe die Geschichte aus Aufgabe 1 auf.

3 Wähle einen Zettel aus. Überlege, was passieren könnte.
Male ein Bild, das die Geschichte weitererzählt.

Eine <u>Spielplatz</u>geschichte
Lukas ist auf dem Spielplatz. Er findet ihn langweilig. Ihm fehlt ein Klettergerüst, eins aus langen Seilen. Daran kann man …

Eine <u>Schloss</u>geschichte
Es war einmal ein sehr altes Schloss. Darin wohnte …

Eine <u>Tier</u>geschichte
Neulich saßen wir beim Abendbrot. Da hörten wir an der Tür ein Geräusch. Als wir nachschauten, fanden wir …

4 Schreibe eine Geschichte aus Aufgabe 3 zu Ende.
Die unterstrichenen Wörter sollten in der Geschichte wichtig sein.
Am Computer kannst du deine Geschichte leichter verändern.

4. Jo-Jo-Test

Satzarten und Satzschlusszeichen

1 Schreibe das Gespräch in der richtigen Reihenfolge auf.
Setze die passenden Satzschlusszeichen.

Lena

Marie

Sven

Malte

b, d, g am Wortende

2 Verlängere und schreibe die Wörter.

Kor Fel Zwer Ta Mona

We Han Köni Pfer Fabri

ein Gespräch in einer sinnvollen Reihenfolge aufschreiben; Satzarten erkennen; Wörter mit Auslautverhärtung richtig aufschreiben

Wörterspiele

3 Wie heißen die verdrehten Wörter?
Schreibe den Text mit den richtigen Wörtern.

Die letzten Wochenschul waren sehr aufregend.
Es gab ein Festsommer mit vielen Spielen.
Die 4. Klasse führte auf dem Hofschul
ein Stücktheater auf. Heute ist der letzte Tagschul.
Alle verabschieden sich in die Feriensommer.

Wortfelder

4 Schreibe nur die Wörter, die zum Wortfeld **gehen** passen.

gehenspeisenschleckenrennenschlendern
schleichenflüsternsprechenschlurfenlaufenhumpeln

Wörter mit doppelten Mitlauten

5 Setze die Wörter richtig zusammen und schreibe sie auf.

Som	Wel	Son	mel	ne	Wan
	Was	fal	ne	len	bern
Pup	men	bib	Ton	schwim	pe
	Him	mer	ne	ser	len

6 Übermale in jedem Wort den doppelten Mitlaut.

mit Sprache spielen;
passende Verben zu einem Wortfeld suchen;
Wörter mit Doppelmitlauten aus Silben zusammensetzen

Wörter üben

Aufschreiben

Schreibe immer ein Wort
auf eine Karte.
Kontrolliere jeden Buchstaben.

Stecke die Karte in das
Fach 1 der Wörterkiste.

Üben

Nimm eine Karte aus Fach 1.
Schau dir das Wort genau an.

Sprich es deutlich
und schwinge dabei.

Drehe die Karte um.
Schreibe das Wort
auswendig auf.

Flüstere dabei alle Silben mit.

Kontrolliere sofort.
Bei einem Fehler übst du
das Wort noch einmal.

Ist das Wort richtig geschrieben,
wandert die Karte ins Fach 2.
Lass deine Karte durch alle
Fächer wandern.

Texte abschreiben 

Lies zuerst den ganzen Text.

Lies den ersten Satz.
Merke ihn dir.

Schreibe den Satz
auswendig auf.
Flüstere dabei, was deine
Hand gerade schreibt.

Setze das Satzschlusszeichen
am Ende des Satzes.

Kontrolliere ein Wort
nach dem anderen.

Hast du einen Fehler, streiche
das Wort mit Lineal durch.
Schreibe es noch einmal.

Arbeite Satz für Satz weiter.

Dosendiktat

1. Tag

Schreibe jeden Satz
auf einen Streifen Papier.
Lange Sätze kannst du
auf zwei Streifen schreiben.
Nummeriere alle Streifen.
Kennzeichne schwierige Wörter.

2. Tag

Ordne die Streifen
und lies den Text.

Nimm den ersten Streifen
und präge dir die Wörter ein.

Stecke den Streifen
in die Dose und schreibe
den Satz auswendig auf.

Wenn du alle Sätze
geschrieben hast,
hole die Streifen aus der Dose
und vergleiche genau.

Berichtige die Fehler.

Partnerdiktat

Diktiere deinem Partnerkind
langsam und deutlich ein Wort.

Stelle dich dabei so,
dass du sehen kannst,
was das Kind schreibt.

Siehst du einen Fehler,
dann sage: „Stopp!“

Sprecht über den Fehler,
gib Hilfen.

Diktiere das Wort noch einmal.

Überprüft gemeinsam.
Tauscht dann die Rollen.

Ordnen und nachschlagen

1 Schreibe das ABC in großen und in kleinen Buchstaben auf.
Ergänze die fehlenden Buchstaben: A B C D …

▢ ▢ ▢ ▢ E F G	a b c d ▢ ▢ ▢
H I ▢ ▢	▢ ▢ j k
▢ ▢ ▢ O P	l m n ▢ ▢
Q R S T ▢ ▢ ▢	▢ ▢ ▢ ▢ u v w
▢ Y Z	x ▢ ▢

2 Ordne die Wörter in jedem Kasten nach dem ABC:
Bär, Esel, …

Igel	Lama	heute	Garten
Katze	Affe	leise	neu
Esel	Hase	blau	Monat
Bär	Schaf	Tisch	Wasser
Zebra	Frosch	rot	laut

3 Finde in der Wörterliste das erste Wort
mit diesen Buchstaben:
Name, …

N d t f e r w

N/n

der Na|me, die Na|men
die Na|se, die Na|sen
neh|men, er nimmt
neu

4 Finde in der Wörterliste das letzte Wort
mit diesen Buchstaben:
November, …

N d t f e r w

S. 4 Arbeitsheft

5 Schreibe die Buchstaben mit ihrem Nachfolger:
BC, ...

B ▢ M ▢ J ▢ Y ▢ H ▢ O ▢

6 Ordne die Wörter. Achte auf den zweiten Buchstaben:
Tasse, Tisch, ...

Tasse	Butter	Katze	sprechen
Tor	Brot	Kuh	singen
Tisch	Banane	Kralle	sagen

7 Finde in der Wörterliste die Nachfolgerwörter:
Stab, Stadt, ...

Stab   Tisch   Haus   Wand   Garten   Zaun

8 Schreibe die Buchstaben mit ihrem Vorgänger:
CD, ...

▢ D ▢ S ▢ K ▢ Z ▢ M ▢ G

9 Ergänze die Wörter aus der Wörterliste:
fangen, ...

fan▢ Br▢ schm▢ pf▢ tri▢ spä▢

schnel▢ Tasc▢ Män▢ du▢ As▢

10 Finde diese Wörter in der Wörterliste:
grün, ...

eine Farbe mit g   ein Fahrzeug mit S   ein Haus mit H

ein Tier mit I   ein Kleidungsstück mit R   ein Getränk mit M

Silben schwingen

1 Sprich die Wörter laut und schwinge sie mit der Hand. Schreibe die Wörter ab. Zeichne die Silbenbögen: Tisch, …

Tisch	Fach	Tür	Schrank
Fenster	Regal	Tafel	Bilder

2 Ordne die Wörter in eine Tabelle:

eine Silbe	zwei Silben
Brot	Apfel
…	…

Apfel	Brot	Buch	Füller
Kinder	Milch	Pinsel	Heft

3 Finde passende Wörter. Schreibe sie auf. Zeichne die Silbenbögen: Lampe, …

Lam	pe / pi	Schu	fe / le	Fo	to / mo
Pau	sa / se	Ker	ze / su	Klas	pi / se
Pin	sel / tel	Schu	pa / le	Lap	sa / pen

Sprich das Wort deutlich Silbe für Silbe. Zeichne dabei zu jeder Silbe mit der Schreibhand einen Bogen in die Luft. Gehe zu jeder Silbe einen Schritt nach rechts.

S. 6 Arbeitsheft

4 Sprich die Wörter laut. Schwinge sie mit der Hand.
Schreibe sie auf. Zeichne die Silbenbögen: Stundenplan, …

Stundenplan	Turnbeutel	Bleistift	Schere	Buchstabe
Plakat	Malkasten	Blumenbank	Stempel	Zettel

5 Schreibe die Reimwörter auf.
Zeichne Silbenbögen: Laus, Haus, …

Laus	Dose	Schnecke	Sturm
H	H	H	W
M	R	D	T

6 Setze die Wörter richtig zusammen.
Zeichne die Silbenbögen: Flasche, …

Fla	Lis	Pa	Schlüs	Tü	Wör
te	pier	sche	ter	sel	cher

7 Eine, zwei oder drei Silben? Ordne die Dinge in der Spielecke. Zeichne die Silbenbögen:
Wörter mit einer Silbe: Bus, …
Wörter mit zwei Silben: …
Wörter mit drei Silben: …

Silbenkönige: Selbstlaute

1 Schreibe die Wörter. Zeichne die Silbenbögen.
Male die Silbenkönige an: Arm, Bart, …

Arm	Bart	Brust	Hals
Herz	Po	Kopf	Stirn

2 Schreibe die Wörter. Zeichne die Silbenbögen.
Male die Silbenkönige an: Nase, …

Nase	Lippe	Wimpern	Augen
Ferse	Schulter	Magen	Zehen

3 Schreibe die Lückenwörter mit den Silbenkönigen.
Male die Silbenkönige an: bunt, …

Mein Schirm ist b_nt.

Meine Schultasche ist schw_r.

Meine Hose ist r_t.

Meine Schuhe sind _lt.

Meine Schwester ist sehr fr_ch.

Ich bin sehr st_rk.

In jeder Silbe steckt ein **Selbstlaut**.
Wir nennen die Selbstlaute deshalb auch **Silbenkönige**:
Fisch, Kamel.

S. 8 Arbeitsheft

4 Schreibe die Wörter. Zeichne die Silbenbögen.
Male in jeder Silbe den Silbenkönig an:
dunkle Locken, …

komische Brille

dunkle Locken

spitze Nase

rundes Gesicht

schwere Tasche

goldene Kette

winzige Kappe

lange Arme

5 Ordne die Wörter nach ihren Selbstlauten a, e, i, o, u.
Male die Selbstlaute an:
Selbstlaut a: Schal, …
Selbstlaut e: …
…

Schal | Schirm | Strumpf | Knopf | Heft

Loch | Mensch | Hut | Ring | Glas

6 Finde die passenden Reimwörter.
Male die Selbstlaute an:
Stern – Kern, …

Fisch

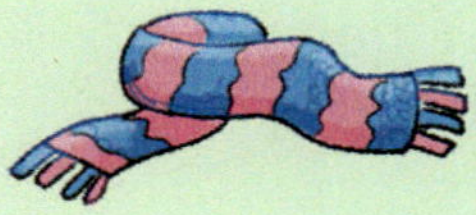

Stern

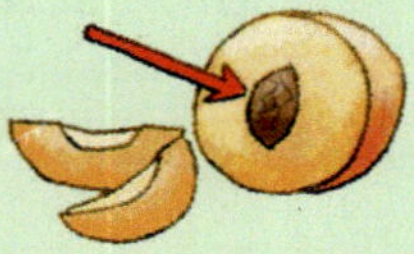

Kopf

Schmerz

Wut

Wal

Silbenkönige: Zwielaute

1 Lies die Mausgeschichte.

Eines Tages beschloss die kleine Maus Meike,
ans andere Ende des Feldes zu laufen.
Leise schlich sie aus dem Haus.
Gleich traf sie Paul und Zeus,
die sie auf der Reise begleiteten.
„Ich brauche eine Pause“,
meinte Meike nach kurzer Zeit.
Müde schliefen die drei Freunde
unter einem Baum ein.
Geweckt wurden sie durch die Stimmen ihrer Eltern,
die sich auf die Suche nach ihnen gemacht hatten.
Voll Freude schlossen die Eltern ihre Abenteurer in die Arme.

2 Suche im Text alle Wörter mit ei, eu und au.
Male die Zwielaute an:
ei: eines, … eu: … au: …

3 Welche Mäusemama gehört zu welchem Mäusekind?
Schreibe die Wörter auf. Male die Zwielaute an.

au, **eu** und **ei** werden **Zwielaute** genannt, weil sie aus **zwei** Lauten bestehen. Zwielaute sind Silbenkönige:
der Baum, freuen, die Seife.

4 Schreibe die Wörter mit den Zwielauten **ei** oder **au**.
Male die Zwielaute an:
Mauer, …

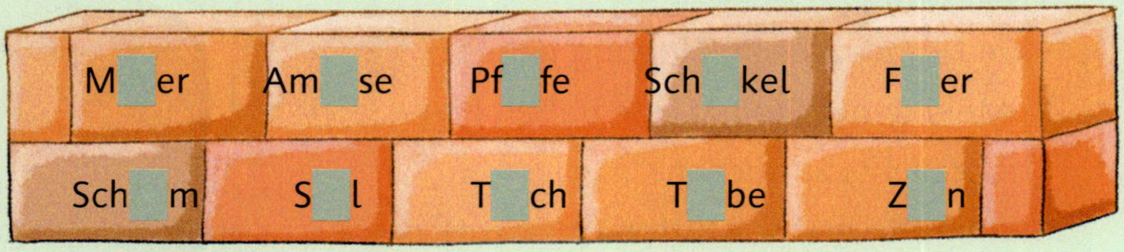

5 Schreibe die Wörter mit den passenden Anfangsbuchstaben.
Male die Zwielaute an: Schraube, …

Sch / B raube	M / G eiger	K / Sp eise	B / G eine
B / R austelle	Sch / F leife	F / B auer	S / G eist

6 Schreibe die Wörter zu den Bildern auf.
Male die Zwielaute au, ei, eu an:
Wörter mit au: Auge, …
Wörter mit ei: …
Wörter mit eu: …

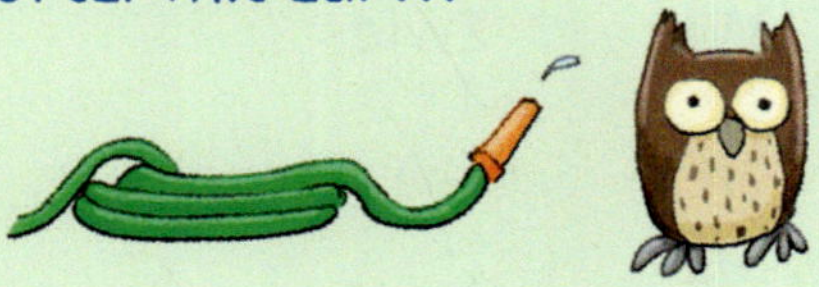

7 Setze die Silben zu Wörtern zusammen.
Male die Zwielaute an: Leute, …

Leu	Freun	Schei	Lei	Pflau	Schnau
be	me	ter	ze	te	din

Wörter mit ie

1 Lies den Text. Schreibe alle Wörter mit ie.
Male ie an: Stiefel, ...

Meine Stiefel blieben oft
kreuz und quer im Eingang liegen.
„Mein lieber Freund, die haben hier
aber nichts zu suchen!“,
schimpfte meine Mutter. Umsonst!
Als ich sie wieder einmal anziehen wollte,
las ich zu meiner Überraschung
auf einem Papier geschrieben:
Deine Schuhe stehen nebenan
bei Bauer Kiefer!
In der Tat!
Sie lagen vor der Stalltür
und rochen ziemlich streng.
Seither räume ich meine Stiefel auf
und meine Mutter ist zufrieden.

2 Setze Wörter aus den Silben zusammen.
Male ie an: Flieger, ...

Flie	Brie	Lie	Wie	Zwie
bel	fe	ge	ger	se

Hörst du ein **langes i**, schreibst du meistens **ie**: wie, ziemlich, Tier.

3 Schreibe die Sätze mit den richtigen Tiernamen.
Male ie an: *Murmeltiere halten einen …*

Ziegen | Bienen | Fliegen | Murmeltiere

___ halten einen langen Winterschlaf.
___ fliegen zu den Blumen.
___ können laut meckern.
___ setzen sich gerne auf Kuchen.

4 Sprich die Wörter deutlich. Ordne sie in eine Tabelle:

langes i	kurzes i
Diebe	…

Diebe – Dinge | Fieber – Fische | Lippe – Liebe
Spinne – Spiele | Tiere – Tische | Wippe – Wiege

5 Langes oder kurzes i? Sprich die Wörter deutlich.
Schreibe sie auf. Male ie oder i an: *Wiese, …*

W___se Kn___ K___ssen B___lder Sch___ffe Sp___gel Br___lle P___nsel

6 Finde zu jedem Satzanfang das passende Ende. Male ie an:
Anna und Leon spielen gerne …

Anna und Leon	jedes Wetter.
Sie lieben	über Pfützen zu springen.
Bei Sonnenschein liegen sie	unter die warme Kuscheldecke.
Bei Regen probieren sie	frieren sie manchmal.
Bei Sturm	spielen gerne im Freien.
Im Winter	auf der Blumenwiese.
Zu Hause kriechen sie sofort	lassen sie die Drachen fliegen.

Wörter mit doppelten Mitlauten

1 Finde immer drei Reimwörter.
Male die doppelten Mitlaute an:
Kanne, Pfanne, Tanne, …

Tanne

Keller

Klasse

Rüssel

Kasse

Schüssel

Propeller

Kanne

2 Bilde aus den Silben Wörter. Zeichne die Silbenbögen:
Betten, …

Bet	Ham	Schlit	Lap	Tep	Kof
pich	ten	pen	fer	mer	ten

3 Schreibe den Text mit den passenden Wörtern.
Male die doppelten Mitlaute an: *kommen, …*

Essen • kommen • Zimmer • Teller
Kartoffeln • Mutter • Bagger • Messer

Heute ___ Opa und Oma zu Besuch.
Papa kocht das ___: Fleisch, ___ und Gemüse.
Jan und seine ___ decken den Tisch.
Mama holt fünf ___ aus dem Schrank,
Jan bringt ___ und Gabeln.
Es klingelt. Papa bringt seine Eltern
ins ___ herein. Sofort darf Jan sein
Geschenk auspacken: einen gelben ___.

4 Schwinge die Wörter. Trenne sie nach Silben: Lip-pen-stift, …

Lippenstift	Wellenreiter	Kellertür	Narzisse
Antenne	Büroklammer	Waschmittel	Wasserquelle

5 Schreibe die Sätze mit den passenden Wörtern.
Male die doppelten Mitlaute an: Jana und Tom haben zwei Hasen bekommen. …

Jana und Tom haben zwei Hasen .

Nun sie die Tiere .

Dafür sie Gras auf der Wiese.

Danach sie eine Schale mit auf.

Kurz darauf beobachten die Kinder,
wie eines der Tiere an einer   .

füttern, bekommen, Wasser, sammeln, knabbert, stellen, Karotte, müssen

6 Welcher Schlüssel passt zu welcher Tür?
Schreibe die Wörter auf: offen, …

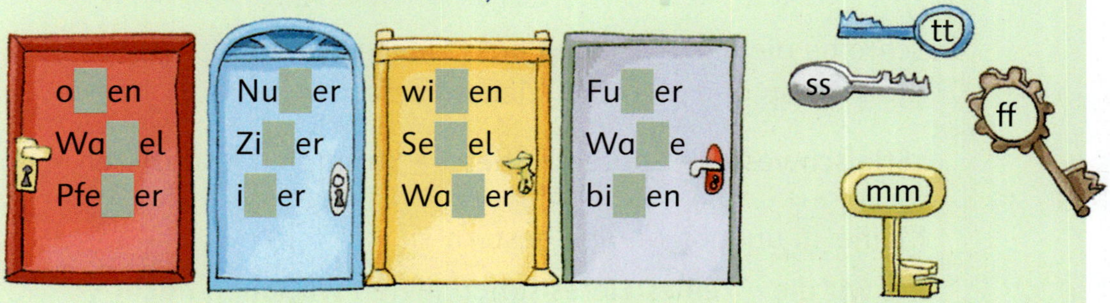

7 Betrachte die Bilder. Schreibe die passenden Wörter.
Male die doppelten Mitlaute an: Kartoffel, …

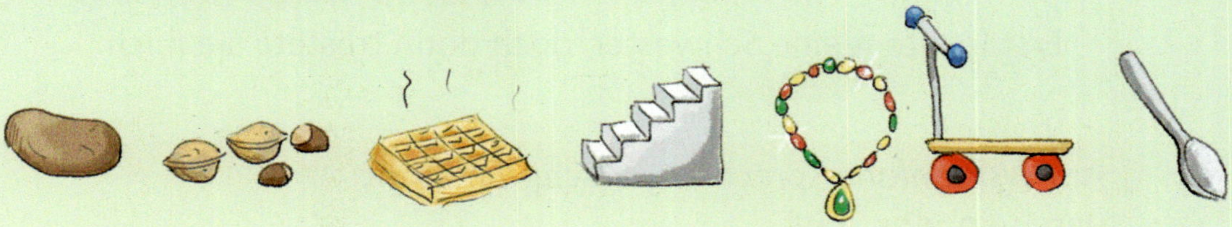

Wörter mit sp und st

1 Welche Wörter hat die Riesenschlange verschlungen?
Schreibe sie auf. Male Sp und St an. Zeichne Silbenbögen:
Spargel, Streich, …

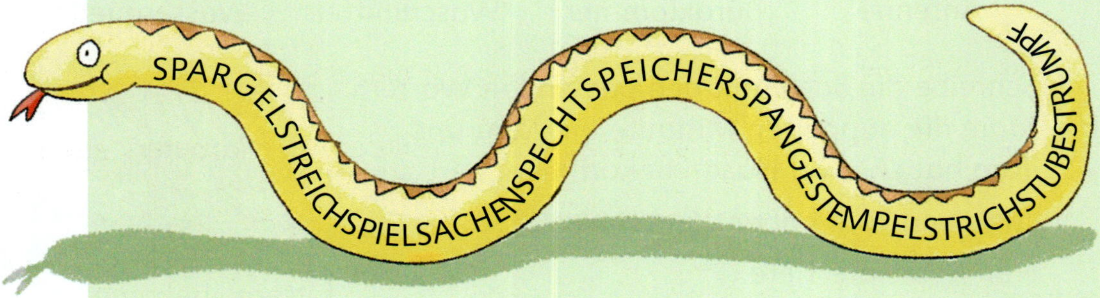

2 Ordne die Wörter in eine Tabelle:

mit Sp oder sp	mit St oder st
spazieren	Stein
…	…

spazieren	Spiegel	Stein	stark	stolpern
spucken	Streifen	Splitter	spenden	Streit

3 Schreibe die Sätze mit den passenden Wörtern.
Male Sp/sp und St/st an: Meine Stiefschwester …

Stiefschwester • Spuren • Stiefel • Strümpfen • spazieren • stecken

Meine ▒ und ich gingen gestern ▒.
Als wir die ▒ eines Tieres sahen, liefen wir ihnen nach.
Doch meine ▒ blieben im matschigen Boden ▒.
Schon war ich zwei Schritte in ▒ gegangen.
Erst lachte meine Schwester, doch dann tröstete sie mich.

Am Wortanfang sprechen wir **schp** und **scht**:
der Stein, das Spiel.

S. 16 Arbeitsheft

4 Was machen Anja und Jule gerne?
Was machen Anton und Max gerne?
Schreibe die Sätze auf. Male Sp/sp und St/st an:
Anja und Jule laufen gerne …

auf Stelzen laufen | im Sportunterricht einen Spagat zeigen | Sterne für das Fenster basteln | Spiegelbilder aus Tinte herstellen | die Spardose zur Sparkasse bringen | Hundewelpen streicheln

5 Bilde aus den Silben Wörter. Male Sp und St an:
Sprache, …

Spra	Spin	Stra	Spu	Sta	Stun
ren	chel	de	che	ne	fe

6 Ordne die Wörter nach Wortarten.
Male Sp/sp und St/st an:
Nomen: Stundenplan, …
Verben: …

stolz	spritzen	Stundenplan	stinken
gestreift	Stimme	spülen	Spiegelei
streiten	Klospülung	Sparschwein	sprechen

7 Was machst du manchmal, oft oder nie? Schreibe Sätze:
Manchmal springe ich in eine Regenpfütze. …

springen | streiten | steigen | stehen | spritzen

Ableiten: Wörter mit ä und äu

1 Wie viele sind es? Zähle genau.
Male in jedem Wort ä oder äu an: 7 Räder, …

Räder • Äpfel • Blätter • Schwänze • Mäuse • Häuser • Bäume

2 Finde zu den Wörtern mit ä und äu
ein verwandtes Wort mit a oder au.
Male ä – a und äu – au an: Fäden – Faden, …

Fäden	Äste	Bäuche	Kästen	Zäune
Nägel	Mäntel	Hände	Fäuste	Läuse

Man schreibt ein Wort mit **ä** oder **äu**, wenn es
ein **verwandtes Wort** mit **a** oder **au** gibt:
Äpfel – Apfel, träumen – Traum.

S. 18 Arbeitsheft

3 Finde die Wortpaare. Male ä – a und äu – au an:
aufräumen – Raum, …

aufräumen • quälen
beschädigen • anhäufen
färben • täuschen

Farbe • Haufen
Qual • Tausch
Schaden • Raum

4 Finde verwandte Wörter mit a und au:
erklären – klar, …

erklären	bräunen	lächeln	läuten
säubern	schäumen	stärken	wärmen

5 Finde verwandte Wörter mit a und au:
enttäuschen – Tausch, …

enttäuschen	Gebäude	Jäger	kämpfen	Kräuter
glänzen	Räuber	Siebenschläfer	Stärke	träumen

6 Schreibe den Text in der Ich-Form in dein Heft:
Heute schlafe ich in der …

Heute schläft Jonas in der Hängematte.
Er hält sein Kuscheltier im Arm.
Im Traum läuft er mit seinem Bruder um die Wette.
Auf einmal macht es plumps!
Jonas fällt zu Boden.
Zuerst ist er erschrocken,
doch kurz darauf fängt er an zu lachen.

7 In deinem Text steht jetzt noch ein ä-Wort. Schreibe es heraus.
Suche ein verwandtes Wort mit a.

Verlängern: Wörter mit b, d, g

1 Lies den Text.

Gestern wurde einer alten Dame Geld entwendet.
Als sie eine Ruhepause machte, kam ein Dieb.
Er holte den Geldbeutel aus dem Korb
und lief aus dem Park.
Ein Kind hatte alles gesehen:
Der Dieb hatte eine blaue Hose
und ein kariertes Hemd an.
Er hatte ein goldenes Armband
um das Gelenk seiner rechten Hand
und sein Bart war dunkel.
Durch diese Beschreibung wurde der Bösewicht
kurz danach gefangen genommen.
Das Kind erhielt einen Zug als Geschenk.

2 Suche zu den Verlängerungen die passenden Wörter im Text:
alle Diebe – Dieb, alle Gelder – …

Diebe | Gelder | Armbänder | Geschenke

Kinder | Züge | Hemden | Hände | Körbe

3 Finde die Wortpaare: alle Stäbe – Stab, …

Stäbe • Kälber • Hunde
Kleider • Lieder
Monde • Berge • Pferde

Kleid • Berg • Kalb
Hund • Stab
Mond • Lied • Pferd

Schreibt man am Wortende **b** oder **p**, **d** oder **t**, **g** oder **k**?
Verlängern mit „alle" hilft beim richtigen Schreiben:
Berg – alle Berge, Hand – alle Hände.

S. 20 Arbeitsheft

4 Verlängere die Wörter. Schreibe die Wortpaare:
Bad – alle Bäder, …

Bad	Feld	Strand	Sieg	Land
Sieb	Zug	Zweig	Schlag	Flug

5 Bilde Wortgruppen: *das wilde Tier, …*

	wild	Farbe
	spannend	Tier
der	giftig	Buch
die	gelb	Fliegenpilz
das	klug	Hose
	dreckig	Oma
	lieb	Erfinder

6 Welches ist der richtige Buchstabe?
Schreibe die Wortpaare: *der Fink – alle Finken, …*

Fin g/k	Flu g/k	Lich d/t	Mark d/t	Schla g/k	Schran g/k	Urlau b/p
Wal d/t	Gra b/p	Sie g/k	Geträn g/k	Bro d/t	As d/t	

7 Finde für die Bilder passende Wörter. Schreibe die Wortpaare:
Zwerg – alle Zwerge, …

Merkwörter mit v (M)

1 Lies den Vers. Schreibe alle Wörter mit V oder v heraus: Vater, …

Ich bin im retaV und im legoV.
Ich bin in leiv und auch im heiV.
Ich stehe nrov in mov, nov, rov
und auch in llov ssigrev mich nie.
Du siehst mich hier in reiv und nehclieV
und jetzt übe mal ein Weilchen.

2 Lerne den Vers auswendig.

3 Bilde Wörter mit den Vorsilben vor- und ver-: verstecken, …

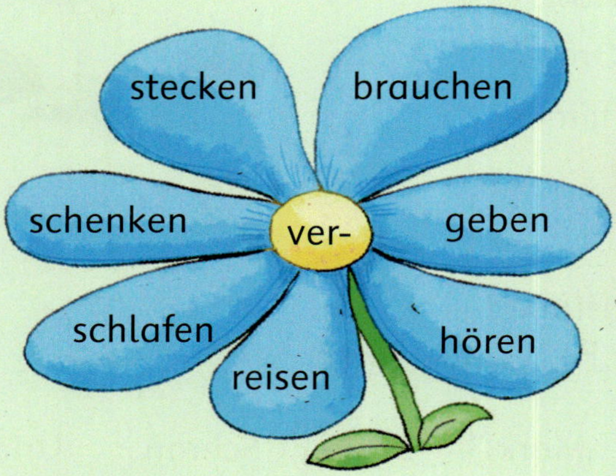

4 Schreibe die Purzelwörter richtig auf. Male V und v an: Pulver, …

V i m a r p

P u e r l v

K e u v r

m L v i o k o t o e

l o l e P u r v

S. 22 Arbeitsheft

5 Klingt das V wie bei Vampir oder wie bei Vogel?
Sprich die Wörter. Ordne sie in die Tabelle:

Vampir 	Vogel 
Olive	...

Olive	brav	Vanille	Vase
Vers	Ventil	Vollmilch	Vulkan

6 Bilde einen Satz mit möglichst vielen Wörtern mit V und v:
Vater verbringt viele Vormittage nervös
mit der Vorbereitung von Vanillepudding.

7 Schreibe den Text mit den passenden Wörtern.
Male V und v an: Heute ist Vollmond. Jan und ...

nervös | Pullover | veranstaltet

brav | Vollmond | von | vielleicht

Heute ist ___. Jan und sein Bruder Tim schlafen ___.
Auf einmal wacht Jan ___ einem leisen Rascheln auf.
Was ___ sein Bruder da? Jan ist ___.
Im hellen Schein bemerkt er, wie Tim seinen ___ überstreift.
Ob sein Bruder ___ im Schlaf wandelt?
Schon lacht Tim los: Er wollte Jan nur erschrecken.

Merkwörter mit h (M)

1 Welche Wörter hat die Riesenschlange verschlungen?
Schreibe die Wörter auf. Male h an: Uhr, …

2 Finde die Wortpaare mit dem gleichen Wortstamm:
anlehnen – Lehne, …

an**lehn**en | **bohr**en | **Jahr**eszeit | **wohn**en | **Zahn**schmerz

Wohnung | **Lehn**e | Löwen**zahn** | Schul**jahr** | Elektro**bohr**er

3 Schreibe den Text mit den passenden Wörtern.
Male in jedem eingesetzten Wort das h an:
Die Klasse 2a spielt Theater. Die …

Aufführung | Bühne | Erzählerin | ihre | ihnen

Lehrerin | Lehrling | sehr | Theater

Die Klasse 2a spielt ▒.
Die ▒ teilt die Rollen ein.
Leon ist der Zauberer, Paul der ▒
und Nele die ▒.
Zur ▒ werden die Eltern eingeladen.
Die Kinder kommen auf die ▒.
Einige von ▒ haben Lampenfieber.
Doch alle spielen ▒ Rollen ▒ gut.

S. 24 Arbeitsheft

4 Ordne die Wörter nach Wortfamilien.
Unterstreiche den Wortstamm:
Bahnhof, …
Wahrheit, …

Bahnhof	Wahrheit	Achterbahn	wahrnehmen	Eisenbahn
wahr	anbahnen	wahrscheinlich	Wahrsager	Autobahn

5 Bilde Wörter. Male in jedem Wort das h an: Höhle, …

Höh- Sah- Kühl- Nah- Ge- Feh- Mehr- Strah-

heit rung le ler len schrank fahr ne

6 Schreibe die Wörter richtig. Zu jedem Wort findest du ein passendes Bild: Blumenkohl, …

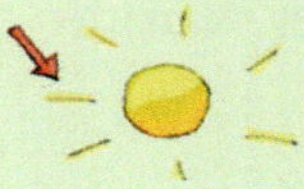

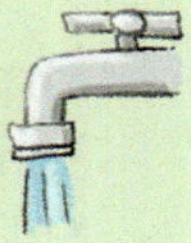

Kohlmenblu	Erwehrfeu	Sonstrahlennen	Bahntenschlit
Serhahnwas	Penenbohsup	Bilrahdermen	Bälehöhren

7 Ordne die Wörter nach Wortfamilien. Unterstreiche die Wortstämme: führ: Aufführung, … kehr: …, rühr: …

Aufführung	Rückkehr	entführen	anrühren
Berührung	Verkehr	Kehrbesen	rührend
Führerschein	umkehren	Rührlöffel	führen

Nomen

1 Was kannst du auf den Bildern sehen?
Schreibe zu jedem Bild das passende Nomen:
1 Frau, 2 …

Blume	Baum
Lampe	Frau
Vogel	Junge
Fisch	Hose

2 Ordne die Nomen von Aufgabe 1.
Male alle großen Anfangsbuchstaben an:
Menschen: Frau, …
Tiere: …
Pflanzen: …
Dinge: …

3 Ergänze die fehlenden Anfangsbuchstaben der Nomen.
Schreibe den vollständigen Text:
Niklas und …

_iklas und sein _ruder sitzen
vor dem _ernseher
und gucken einen _ilm mit _äubern.
Plötzlich knackt es vor dem _enster.
Was war das? Auch ein _äuber?
Nein, die _atze ist auf
das _ensterbrett gesprungen.

Wörter für Menschen, Tiere, Pflanzen und Dinge nennt man **Nomen**. Nomen werden immer **großgeschrieben**:
Kind, Tiger, Tulpe, Ball.

S. 26 Arbeitsheft

4 Was siehst du auf dem Bild?
Schreibe mindestens acht Nomen auf: Roller, …

5 Suche die Anfangsbuchstaben und schreibe die Nomen:
Igel, …

_gel _öffel _aum _uch
_isch _ase _atze _eft _lume

6 Finde für jede Zeile vier Nomen. Die Wörterliste hilft:
Menschen: Mädchen, …
Tiere: …
Pflanzen: …
Dinge: …

7 Schreibe den Text ab. Ersetze die Bilder durch Nomen.
Denke an den großen Anfangsbuchstaben: Minka ist …

Minka ist eine neugierige  .
Jeden Morgen springt sie auf die 
vor dem .
Dort beobachtet sie die .
Sobald sie aber mit ihrer 
 erschnuppert, läuft sie schnell
zum Fressen zurück in die .

Artikel

1 Schreibe die Nomen mit dem Artikel **der**, **die** oder **das**:
das Kamel, …

___ Kamel	___ Gemüse	___ Blume	___ Heft
___ Vogel	___ Kerze	___ Nase	___ Stern

2 Erkennst du die Nomen? Schreibe sie mit dem Artikel ein oder eine auf. Denke daran: Nomen werden großgeschrieben:
eine Kerze, …

3 Schreibe den Text mit den Artikeln **der**, **die** oder **das**.
Unterstreiche alle Artikel.

Heute muss Pia ___ Zimmer aufräumen.
In ___ Regal kommen
___ Puppe und ___ Buch.
Auf ___ Bett gehört ___ Stoffhund.
Pia hat sich ___ Eis als Belohnung
wirklich verdient.

Nomen haben Begleiter. Sie heißen Artikel.
Bestimmte Artikel: der Teller, die Suppe, das Glas.
Unbestimmte Artikel: ein Mond, eine Sonne.

S. 28 Arbeitsheft

4 Setze die Nomen zusammen.
Schreibe sie mit Artikel auf: der Salat, …

Sa Gur Ap Bir Pfir Zwie

bel sich ke fel ne lat

5 Schreibe nur die Dinge auf, die in eine Spielkiste gehören.
Schreibe vor jedes Ding den Artikel:
der Ball, …

6 Wie wurden die Kisten zusammengestellt?
Schreibe auf, welche Wörter in den Kisten sind:
In Kiste 1 sind alle Wörter mit dem Artikel …
In Kiste 2 …
In …

7 Schreibe die Nomen aus den Kisten mit den passenden Artikeln ab.
Denke dir zu jeder Kiste noch vier weitere Nomen aus:
Kiste 1: der Kran, …
Kiste 2: …
…

Einzahl und Mehrzahl

1 Was siehst du wie oft? Schreibe die Wörter und die Anzahl auf: 3 Lampen, ...

Lampen • Puppen • Taschen • Blumen • Hosen • Bücher • Bausteine

2 Schreibe die Nomen in der Einzahl und der Mehrzahl auf:
die Katze – die Katzen, ...

 die Katze – die 

 der Schuh – die 

 das Schiff – die 

 die Wolke – die 

 der Fisch – die 

 das Auto – die 

3 In der Schlange haben sich Nomen versteckt.
Schreibe sie mit Artikel ab und finde dazu die Einzahl:
die Hefte – das Heft, ...

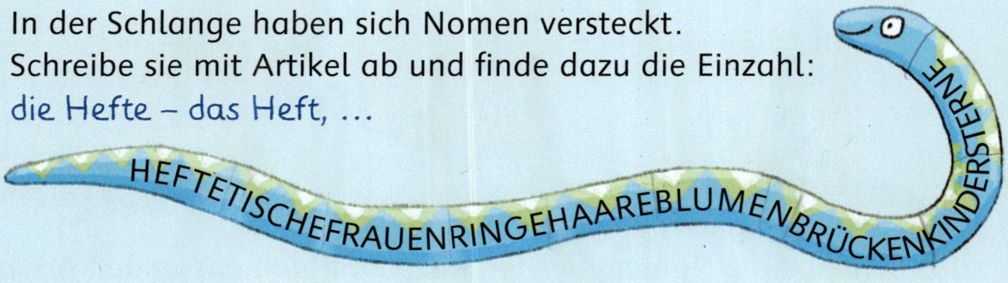

Nomen gibt es in der **Einzahl** und in der **Mehrzahl**.
Der Artikel in der Mehrzahl heißt immer **die**.
das Brot – die Brote, der Apfel – die Äpfel.

4 In jeder Reihe steht ein Einzahl-Nomen. Schreibe nur die Mehrzahl-Nomen mit dem Artikel auf: *die Schiffe, …*

Schiffe Hosen Garten Lieder Tische Pflanze

Papiere Namen Schwestern Zahl Tüten

Häuser Taschen Sätze Platz Schüsseln Kreise

Wiese Schuhe Kinder Köpfe Männer Haare

5 Schreibe nur die Nomen aus dem Text, die in der Einzahl stehen: *Timo, Oma, …*

Timo schreibt seiner Oma einen Brief.
Er holt sich bunte Stifte und ein weißes Blatt.
Zuerst malt er Blumen und seine Katze.
Dann schreibt er von der Aufführung
in der Schule, bei der er ein Ritter war.
Seine Mutter hat davon viele Fotos gemacht.
Eins davon steckt er mit in den Umschlag.

6 Schreibe zur Einzahl die Mehrzahl auf. Was fällt dir auf?
der Koffer – die Koffer, …

Koffer • Kuchen • Lehrer • Löffel • Mädchen • Messer

7 Schreibe nur die drei Sätze ab, in denen **alle** Nomen in der Mehrzahl stehen.

Alina liest gern ein Buch auf dem Bett.
Die Lampen auf den Tischen leuchten hell.
Auf der Straße spielen Kinder mit Bällen.
In Zoos schlafen einige Tiere in Käfigen.
In den Klassenräumen stellen wir unsere Taschen neben die Tische.

Zusammengesetzte Nomen

1 Aus zwei Nomen kann eines werden.
Schreibe die zusammengesetzten Nomen auf:
Obst + Torte = Obsttorte, ...

 Obst + Torte  = ▢

 Auto + Tür  = ▢

 Tisch + Bein  = ▢

 Wurst + Brot  = ▢

 Hand + Ball  = ▢

2 Bilde zusammengesetzte Nomen.
Schreibe sie mit Artikel auf: das Fingerspiel, ...

Finger, Karten, Murmel, Schach — Spiel

Auto — Wäsche, Reifen, Sitz, Fenster

3 Trenne die zusammengesetzten Nomen.
Schreibe alle Nomen mit Artikeln auf:
die Haustür = das Haus + die Tür, ...

Haustür	Schuhkarton
Ballspiel	Murmelbahn
Teetasse	Radiowecker
Topfdeckel	Schatzkiste

 S. 32 Arbeitsheft

4 Schreibe die Sätze vollständig auf:
Ein Buch mit Bildern ist ein Bilderbuch.

Ein Buch mit Bildern ist ein ___.

Ein Eimer für den Müll ist ein ___.

Ein Glas für Saft ist ein ___.

Ein Löffel zum Kochen ist ein ___.

Ein Haus für Hexen ist ein ___.

5 Schreibe diese Nomen als zusammengesetzte Nomen auf:
Handball, Ballspiel, …

Hand	Vanille	Wörter	Apfel	Kinder
Ball	Pudding	Buch	Saft	Reise
Spiel	Pulver	Seite	Glas	Tasche

6 Finde die zusammengesetzten Nomen im Text.
Schreibe sie mit Artikel heraus und trenne sie:
die Kinderbücherei = die Kinder + die Bücherei, …

Die Klasse 2a geht in die Kinderbücherei.

Dort gibt es viele Kinderbücher, CDs und Computerspiele.

„Alle Kinder kommen in die Sofaecke!“, sagt Frau Müller.

Lea und Kai lesen in einem Märchenbuch.

Johanna entdeckt ein Witzbuch.

Jan mag am liebsten ein Abenteuerbuch.

7 Finde die zusammengesetzten Nomen zu den Bildern:
der Strohstern = das Stroh + der Stern, …

Verben

1 Ordne den Bildern die passenden Verben zu:
Autos fahren, …

fahren
bellen
spielen
riechen
spuken
schneiden

2 Was tun Kinder in der Schule?
Schreibe die passenden Verben auf:
Die Kinder in der Schule schreiben, …

schreiben • fliegen • malen • lernen • lesen
hupen • lachen • essen • turnen

3 Schreibe den Brief mit den passenden Verben:
Hallo Lucie!
Wir gehen heute …

Hallo Lucie!

Wir ___ heute in den Zoo.
Wir ___ uns die Tiere an
und ___ ein Eis.
Später ___ wir auf dem Spielplatz.
Ich ___ mich auf die Affen.

Viele Grüße
Jonas

essen
gehen
freue
toben
schauen

Verben sagen, was Menschen, Tiere, Pflanzen und Dinge tun.
Verben werden kleingeschrieben: rennen, fressen, fliegen.

S. 34 Arbeitsheft

4 Was tut Max gerade? Schreibe Sätze zu den Bildern:
Max badet. Max …

baden

malen

hüpfen

reiten

pfeifen

kochen

5 Was tust du gerne? Schreibe Sätze mit **Ich**:
Ich bade gerne. Ich …

6 Welche Verben fehlen?
Schreibe die Sätze vollständig ab.

Die Pferde ___ Hafer.
Die Schnecken ___ über den Boden.
Die Katze ___ auf den Baum.
Die Mücke ___ durch das Zimmer.
Die Kuh ___ im Stall.
Der Fisch ___ im Wasser.

7 Verben können sich verändern.
Finde die passenden Verbformen: ich schlafe, du …

ich • du • er • wir
ihr • Max und Lea

schlafe • schläfst • schläft
schlafen • schlaft • schlafen

Adjektive

1 Wie sind diese Dinge?
Schreibe zu jedem Bild ein passendes Adjektiv auf:
Nadel – spitz, …

gelb
rund
spitz
kalt
hell
nass
eckig

2 Schreibe den Text ab. Unterstreiche die Adjektive:
Der Clown ist dünn. Seine …

Der Clown ist dünn.
Seine Haare sind rot.
Seine Schuhe sind groß.
Seine Hose ist blau.
Seine Brille ist kaputt.

3 Finde die Gegensatzpaare:
jung – alt, …

jung	hell	billig	klein	dunkel	alt
warm	groß	weich	kalt	hart	teuer

Wörter, die sagen, wie etwas ist, nennt man **Adjektive**: klein, rot.
Die Murmel ist klein. Da liegt die rote Murmel.

S. 36 Arbeitsheft

4 Finde zu jedem Bild ein passendes Adjektiv:
Schnecke – langsam, ...

5 Finde zu jedem Adjektiv den Gegensatz:
krank – gesund, ...

dick
groß
schwer
sauber
krank
laut
lustig

6 Schreibe alle Adjektive vor die Nomen:
die spannende Aufgabe, ...

Aufgabe – spannend	Bücher – schwer
Stimme – laut	Pferd – schnell
Tisch – niedrig	Glas – leer
Witz – lustig	Weg – weit

7 Mache aus dem Text einen Unsinnstext.
Verwandle alle Adjektive in ihren Gegensatz:
Das große Mädchen läuft auf der engen Straße. ...

Das kleine Mädchen läuft auf der breiten Straße.
Es ist dunkel. Da kommt ein großes Auto.
Es bremst langsam. Der wütende Autofahrer ruft:
Geh schnell von der Straße!
Ab morgen will das Mädchen helle Kleidung tragen,
damit es leichter gesehen wird.

Wortstamm und Wortfamilie

1 Bilde Wörter. Unterstreiche den Wortstamm **Freund**:
die Freundlichkeit, …

Freund – lichkeit / e / schaft / in / schaftsspiel

2 Bilde Wörter. Unterstreiche den Wortstamm **stimm**:
stimmlos, …

ab / be / Tier / Vogel / Kinder – stimm – e / en / t / los

3 Ordne die Wörter nach Wortfamilien.
Unterstreiche die Wortstämme **spiel**, **hand** und **fahr**:
spiel: Spielplatz, …
hand: …
fahr: …

Spielplatz | Hand | Gefahr | Fußballspiel | Fahrkarte

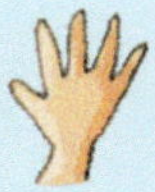

Behandlung | verfahren | Spielstein | Handarbeit

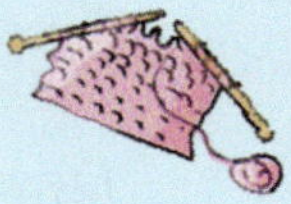

spielen | Handtuch | Spieler | Ausfahrt | spielerisch

verhandeln | Einfahrt | Spielzeug | überfahren

Jedes Wort hat einen **Wortstamm**, der meist gleich bleibt.
Wörter mit dem gleichen Wortstamm bilden eine **Wortfamilie**:
einpflanzen,Topfpflanze, Pflanzenname.

S. 38 Arbeitsheft

4 Finde in den Sätzen alle Wörter der Wortfamilie **stecken**.
Unterstreiche den Wortstamm **steck**: Besteck, ...

Messer, Gabel und Löffel nennt man Besteck.
Für Stecker gibt es an den Wänden Steckdosen.
Oma möchte sich eine Brosche anstecken.
Eine Nadel mit Kopf ist eine Stecknadel.

5 Ein Wort in jeder Zeile passt nicht in die Wortfamilie.
Schreibe nur die Wörter der Wortfamilien:
salz: salzig, ..., spinn: ..., süß: ...

salzig | Salzstreuer | versalzen | Salami

Spinne | Spiegel | Kreuzspinne | Spinnennetz

zuckersüß | Süppchen | süßlich | Süßigkeit

6 Setze die Wörter der Wortfamilie **freund** passend ein
und schreibe den Text. Unterstreiche den Wortstamm:
Finn ist mein bester Freund. Wir ...

Finn ist mein bester ___.
Wir sind schon seit der 1. Klasse ___.
Finn ist immer nett und ___ zu mir.
Unsere ___ soll noch lange halten,
denn jeder Mensch braucht
einen ___ oder eine ___.

Freund | Freundschaft | freundlich

Freundin | befreundet | Freund

Wörterspiele

1 Bilde Wörterketten. Der letzte Buchstabe muss der erste des nächsten Wortes sein:
HAUS, SONNE, ESEL, L…

Die Wörterliste hilft dir.

2 Löse die Geheimschrift: Wichtige …

W■cht■g✤ M✤ldung ▲n ▲ll✤:
W✤nn ■ch r✤d✤, s✤■d ■hr st■ll,
w✤■l ■ch ✤uch w▲s s▲g✤n w■ll!

▲ = a
✤ = e
■ = i

3 Denke dir selbst Wörter in dieser Geheimschrift aus. Lasse sie ein anderes Kind entziffern.

4 Wähle einen Namen.
Schreibe zu jedem Buchstaben ein Wort:

T	or	H	…	J	…	M	…
O	pa	A	…	O	…	A	…
B	all	N	…	N	…	R	…
I	gel	N	…	A	…	I	…
A	mpel	E	…	S	…	E	…
S	ofa	S	…				

5 Ersetze die Zahl **8** durch das Wort **acht**:
Einmal in der Nacht …

Einmal in der N8 sind zwei Kinder aufgew8.
Sie haben lange nachged8 und
sich dann fröhlich angel8.
Der Plan von ihnen in der N8:
N8isch essen um Mittern8.

6 Schreibe fünf Sätze. Alle Wörter sollen mit dem gleichen Buchstaben beginnen. Die Wörterliste hilft dir:
Leon löffelt ...

Riesige Ratten reparieren Radios.

Mama malt mit Mühe Mandalas.

7 Finde die richtigen Wörter: Vogelhaus, ...

ein Buchstabe zu wenig
Vogelaus
Glaslasche
Schneelocke

ein Buchstabe zu viel
Goldfrisch
Geschenkbrand
Blumentropf

8 Diese Wörter kommen aus anderen Sprachen. Findest du das passende deutsche Wort?
Portmonee – Geldtasche, ...

Portmonee • Pommes frites • Couch • Spagetti • Mountainbike

Bergfahrrad • Kartoffelstäbchen • lange Nudeln • Sofa • Geldtasche

9 Hier stimmt etwas nicht.
Schreibe die Wörter richtig auf: Sonnenbrille, ...

Bronnensille Laschentampe Tumenblopf Kandsasten

Herzenkalter Lundeheine Tuppengrisch Fommerserien

10 Wie heißt es auf Englisch? Ordne zu: Guten Morgen! – ...

Guten Morgen!	How are you?
Gute Nacht!	My name is ...
Wie geht es dir?	Good night!
Ich heiße ...	Good morning!

Vorsilben

1 Schreibe die Verben mit den Vorsilben:
bestellen, …

be	stellen, sitzen, graben, halten	auf	essen, stehen, schreiben, schließen	ab	geben, brechen, schreiben, fahren

2 Schreibe die Sätze mit den passenden Verben:
Johann muss heute wieder …

anfahren | verfahren | wegfahren | mitfahren

Johann muss heute wieder ▒.

Das Auto wird gleich ▒.

Im Urlaub hat sich Tim ▒.

Sandra darf heute mit Papa ▒.

3 Schreibe die Verben mit ihren Vorsilben so auf:
lesen vor – vorlesen, …

Die Kinder lesen vor.

Die Vögel fliegen weg.

Die Schüler fragen nach.

Die Eltern kommen mit.

Opa kauft ein.

S. 42 Arbeitsheft

4 Bilde neue Verben mit Vorsilben: ausbleiben, …

Vorsilben:
aus • ein • über
vorbei • weg • hin

Verben:
bleiben • gehen
fragen • hängen

5 Schreibe jeden Satz mit der passenden Vorsilbe:
Lisa will Max das Auto …

Lisa will Max das Auto ___nehmen.

Familie Schmidt will heute etwas ___nehmen.

Herr Brünn möchte ___nehmen.

Frau Hauck muss ihre Medizin ___nehmen.

6 Schreibe die Sätze mit den passenden Verben.
Dabei musst du das Verb von der Vorsilbe trennen:
Pia kippt …

aufhängen	weglegen	ausziehen	auskippen

Pia ___ ihr Wasserglas ___.
Moritz ___ seinen Pinsel ___.
Alle ___ ihre Kittel ___.
Frau Müller ___ die Bilder ___.

Aussagesätze und Fragesätze

1 Ordne die Wörter in jeder Reihe zu einem Satz.
Setze am Satzende einen Punkt:
Lukas ist …

ist – **Lukas** – im Garten – oft

Er – gern – seiner Mutter – hilft

er – Blumen – **Am liebsten** – gießt

hängt – immer – **Der Wasserschlauch** – in der Garage

2 In dem Text fehlen sechs Punkte.
Schreibe den Text mit Punkten auf:
Ich helfe …

Ich helfe heute meiner Mutter im
Garten Die Sonne scheint Mama mäht
den Rasen Ich hole den Gartenschlauch
Statt der Blumen spritze ich meine
Schwester nass Dabei muss ich laut lachen

3 Bilde Fragesätze. Denke an
das Fragezeichen am Satzende:
Wer löscht …?

löscht | Wer | brennende Häuser

leben | Elefanten | Wo

Was | Müll | ist

man | Silvester | feiert | Wann

bastelt | man | Wie | ein Flugzeug

Am **Satzanfang** schreibt man **groß**.
Nach **Aussagesätzen** steht ein **Punkt**: Die Kinder basteln Sternenbriefe.
Nach **Fragesätzen** steht ein **Fragezeichen**: Siehst du den Stern?

S. 44 Arbeitsheft

4 Suche zu jeder Frage die passende Antwort.
Denke an die Satzzeichen am Ende der Sätze:
Was malst du da? Ich male …

Was malst du da	Wieso hat sie keinen Schwanz	Wozu hat die Katze einen Schwanz
Den male ich zum Schluss	Er ist wichtig für ihr Gleichgewicht	Ich male meine Katze

5 Welches Fragewort passt? Schreibe die Fragen auf:
Was ist heute …

ist heute in meiner Frühstücksdose?
stelle ich meinen Schulranzen ab?
gibt mir Hausaufgaben auf?
müssen alle Kinder in der Pause auf den Schulhof?
Bleistift könnte meiner sein?

6 Verwandle die Aussagesätze in Fragesätze:
Spielt Johannes mit …?

Johannes spielt mit seinem Freund Fußball.
In der Schule lesen die Kinder Comics.
Morgen gehen wir alle in den Tierpark.
Zum Frühstück gibt es Müsli mit Milch.

7 Schreibe zu jedem Bild einen Fragesatz und einen Aussagesatz.

Satzarten und Satzschlusszeichen

1 Schreibe alle Aussagesätze ab: Das ist …

2 In welchen Sätzen wirst du aufgefordert, etwas zu tun?
Schreibe nur diese Sätze ab. Setze Ausrufezeichen dahinter:
Räum dein …!

Räum dein Zimmer auf

Wie viel Taschengeld bekommst du

Wo ist das Schwimmbad

Komm jetzt endlich

Es war einmal ein kleines Mädchen

Denk an den Fahrradhelm

3 Frage oder Aufforderung? Setze die passenden Satzschlusszeichen:
Bringt die Matten weg! …

Bringt die Matten weg

Bist du schon gesprungen

Nicht schubsen

Hole bitte den Ball

Wo liegen die Seile

Am **Satzanfang** schreibt man **groß**.
Nach **Aussagesätzen** steht ein **Punkt**: Die Kinder basteln Sternenbriefe.
Nach **Fragesätzen** steht ein **Fragezeichen**: Siehst du den Stern?
Nach **Aufforderungssätzen** steht ein **Ausrufezeichen**: Komm schnell!

S. 46 Arbeitsheft

4 Was befiehlt der König? Bilde Aufforderungssätze:
Bringe mir …!

mir ein Glas Saft
den Tisch
meine Krone
mein Pferd
mein Geld

5 Bilde mit den Wörtern drei Aussagesätze und drei Fragesätze: Pia malt ein Bild.

Pia meine Freundin der Lehrer	geht • holt malt • kauft	Eis • ein Bild in den Zoo • Kreide drei Flaschen Saft

6 Wozu fordert die Mutter Lara auf? Schreibe Aufforderungssätze:
Füttere die Katze! …

7 Hier fehlen alle Satzschlusszeichen.
Schreibe den Text richtig auf: Die Klasse 2a …

die Klasse 2a macht einen Ausflug kommt schnell in welchen Bus müssen wir einsteigen fährt der Bus überhaupt nach Frankfurt lauft schnell zum anderen Bus leider ist der richtige Bus schon abgefahren

Kleine Texte schreiben

1 Schreibe die Sätze ab, die zu diesem Gegenstand passen: Es …

Es hat zwei Räder und eine hohe Lenkstange. Man steht auf einem Brett.

Es hat zwei Räder und einen Lenker. Man sitzt auf einem Sattel und muss treten.

Es hat vier Räder und einen Motor. Man braucht dafür einen Führerschein.

2 Beschreibe diese Gegenstände. Die Wörter helfen dir:
Er hat …

Griff aus Holz

feine Haare

malen

aus Papier

hat einen Umschlag

etwas hineinschreiben

bunt

mit Reißverschluss

Stifte darin aufbewahren

S. 48 Arbeitsheft

3 Hier haben sich die Stichwörter für Hase und Amsel vermischt. Wähle ein Tier und beschreibe es:
Das Tier hat …

hat schwarze Federn
hat ein weiches braunes Fell
schlägt Haken auf der Flucht
knabbert Gemüse und Körner
baut sich ein Nest

hat lange Ohren
hat einen gelben Schnabel
singt im Frühling
frisst gerne Würmer
hoppelt über die Felder

4 Beschreibe eines dieser Tiere genau.

5 Beschreibe eine dieser Personen. Lass ein Partnerkind erraten, wen du beschrieben hast:
Das Kind hat …

6 Beschreibe eine Person, die du kennst. Lass ein anderes Kind erraten, wen du meinst:
Meine Person …

Achtung: Dein Partner muss diese Person auch kennen!

Geschichten vorbereiten

1 Welche Stichwörter passen zu diesem Bild?
Schreibe sie auf: schöner Tag …

- schöner Tag im Oktober
- Regenwetter
- Familie
- Äpfel ernten
- der Ball rollt
- alle fröhlich
- großer Hund
- plötzlich: Apfel fällt
- alle lachen
- Feuerwehr im Anmarsch
- Frederik weint
- trösten
- Sternenhimmel

2 Wähle die Sätze aus, die zum Bild passen.
Schreibe die Geschichte auf: Es ist ein …

Es ist ein schöner Tag im Oktober.
Frederik ist mit seiner Familie auf der großen Wiese.
Der Regen macht die Wiese nass.
Sie ernten die leckeren Äpfel.
Alle sind fröhlich bei der Arbeit, auch Frederik.
Der große Hund zerrt an der Kette.
Plötzlich fällt ihm ein Apfel direkt auf den Kopf.
Alle lachen, weil es lustig aussieht.
Frederik weint.
Die Feuerwehr ist im Anmarsch.
Zum Trost gibt es nach der Ernte ein Eis.

Es hilft dir, Stichwörter zu notieren,
bevor du eine Geschichte aufschreibst.

S. 50 Arbeitsheft

3 Schreibe die Geschichte mit Hilfe der Stichwörter auf.
Gib der Hauptperson einen Namen.
Denke dir ein Ende für deine Geschichte aus.

Taschengeld bekommen

Eis kaufen   freut sich

hält Eis ganz fest

Hund liegt an der Türe

stolpert   ???

4 Überlege dir, wie die Geschichte weitergeht.
Ergänze die Stichwörter: Bäckerei, ...

Bäckerei

Laden voll

5 Schreibe die Geschichte auf.
Denke an die Namen der Personen.
Schreibe eine Überschrift.

6 Wähle ein Bild. Überlege dir selbst eine Geschichte.
Notiere Stichwörter. Schreibe dann deine Geschichte auf.

Geschichten entwickeln

1 Überlege, was Bella und Bruno erleben könnten.
Male ein Bild dazu oder schreibe Stichwörter auf.

planen

Das sind Bella und Bruno.
Bruno ist ein großer Elefant.
Seine Freundin Bella
ist eine Libelle.

2 Schreibe deine Geschichte mit
deinen Stichwörtern aus Aufgabe 1.

3 Baue die Sätze richtig zusammen.
Schreibe danach die Geschichte weiter.

schreiben

Ein schöner Tag

Bruno liegt ...	gemeinsam los.
Bella fliegt ...	eine Wanderung machen.
Sie will ...	faul in der Sonne.
Bruno ist ...	um Bruno herum.
Bruno bewirft sich ...	mit Sand.
Die beiden gehen	sofort begeistert.

S. 52 Arbeitsheft

4 Suche dir Partnerkinder.
und besprich deine Geschichte.

besprechen

5 Überarbeite deine Geschichte.

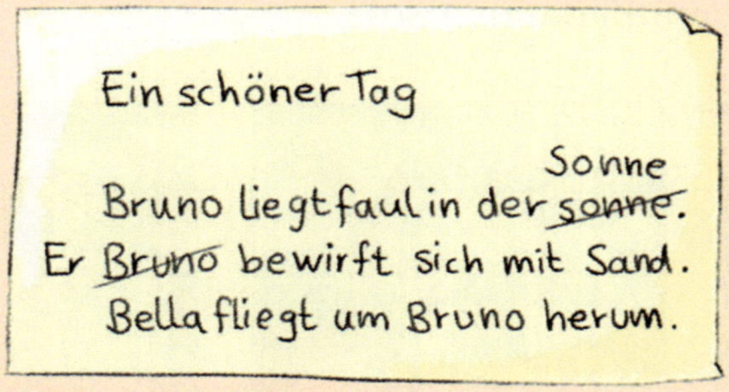

überarbeiten
veröffentlichen

6 Schreibe deine Geschichte mit deinen Verbesserungen auf.

Bildergeschichten aufschreiben

1 Betrachte die Bilder genau. Schreibe die Sätze in der richtigen Reihenfolge auf:
Hanna schenkt…

Hanna schenkt Max einen Blumenstrauß.

Max muss niesen.

Hanna und Max lachen über die Blumenstängel.

2 Gib dem Jungen einen Namen.
Schreibe zu jedem Bild Stichwörter auf.
Oder: Schreibe zu jedem Bild einen Satz.

S. 54 Arbeitsheft

3 Betrachte die Bilder. Schreibe die Geschichte auf.
Die Stichwörter helfen dir.
Schreibe auch eine Überschrift.

Käse entdeckt

Katze
Was tun?

will sich
auf Maus stürzen

zeigt hinter Katze

Katze sieht Hund
erschrickt

Maus flitzt
Mauseloch

4 Notiere Stichwörter zu dieser Geschichte.
Beachte auch, was zwischen den Bildern passiert.
Schreibe die Geschichte auf. Denke an die Überschrift.

Texte überarbeiten

1 Verflixte Satzanfänge! Schreibe Robins Bericht neu.
Ersetze die farbigen Wörter durch einen anderen Satzanfang von unten:
Im Fußballtraining

unterschiedliche Satzanfänge

Im Fußballtraining

Wir warten, bis alle da sind.
Dann machen wir uns warm und rennen.
Dann dehnen wir uns.
Dann üben wir meistens Spielzüge.
Dann machen die Torhüter Torwarttraining.
Dann üben wir Schüsse auf das Tor.
Dann machen wir noch ein Spiel.
Dann sind wir alle ziemlich erledigt.

Am Anfang • Danach • Anschließend • In dieser Zeit
Nach den Spielzügen • Zum Abschluss • Am Ende

2 Finde die neun Rechtschreibfehler in diesem Text.
Schreibe den Text ohne Rechtschreibfehler:
Nachmittags …

Rechtschreibung kontrollieren

nachmittags fahre ich gerne mit
meinem roller meine Freundin Jana
begleitet mich in den park manchmal
essen wir dort ein eis

3 Ergänze die Erklärungssätze: Im Text von …

Im Text von Aufgabe 2 fehlen die ____.
Satzanfänge muss man ____ schreiben.
Auch Nomen muss man ____ schreiben.

S. 56 Arbeitsheft

4 Finde Namen für den Jungen und für seinen kleinen Hund.
Denke dir eine Überschrift aus, die neugierig macht.
Schreibe die Geschichte neu auf:
Ein Junge …

Überschrift
Namen

Ein Junge geht mit seinem
kleinen Hund Gassi.
Plötzlich kommt ein großer Hund angesprungen.
Der will mit dem kleinen Hund kämpfen.
Da hört der Junge einen Pfiff.
Der große Hund rennt davon.
Schnell gehen der Junge und
der kleine Hund weiter.
Da ist der Junge aber froh!

5 Ersetze in diesem Text das Verb **gehen**
durch passende Verben aus dem Kasten.

genaue Verben

Karin will Peter erschrecken.
Sie geht von hinten
an ihn heran und ruft laut.
Dann geht sie weg.
Peter geht hinter ihr her.
Die soll was erleben!
Auf ihrem Rückweg muss Karin
über einen kleinen Bach gehen.
Doch sie geht zu kurz und landet im Wasser.
Pitschnass geht sie ans Ufer. Peter lacht.
Gemeinsam gehen sie nach Hause.

gehen • hüpfen
rennen • laufen
stolpern • springen
klettern • hopsen
rasen • schleichen
schlurfen • poltern

Fragen zu einem Text

1 Lies den Text über Igel.

Man erkennt den Igel an den braunen Stacheln
mit den weißen Spitzen.
Nur am Bauch und im Gesicht hat er Haare.
Igel leben am liebsten am Waldrand
oder in Parks und Gärten.
Dort verstecken sie sich tagsüber
in Hecken und in Gestrüpp und schlafen.
Nachts sind sie unterwegs und jagen Insekten,
aber auch Regenwürmer oder Schnecken.
Wenn sie sich bedroht fühlen, rollen sie sich
zu einer Stachelkugel zusammen.
Milch vertragen sie nicht.

2 Schreibe Katharinas Fragen
und die passenden Antworten auf:
Kann ich …

Man sieht Igel nie am Tag, weil sie so leicht Sonnenbrand bekommen.

Nein, Igel vertragen keine Milch.

Wenn du Milch übrig hast, gib sie dem Igel.

Igel schlafen am Tag, weil sie nachts unterwegs sind.

3 Beantworte Jonas' Fragen.
Schreibe Fragen und Antworten auf:
Was machen …

S. 58 Arbeitsheft

4 Lies den Text über den Rothirsch.

Rothirsche sind die größten Tiere in unseren Wäldern. Wegen ihrer großen Geweihe nennt man sie auch Könige der Wälder. Nur männliche Tiere tragen ein Geweih. Jedes Frühjahr werfen sie es aber ab und im Sommer wächst ihnen ein neues. Je älter Hirsche sind, desto größer ist ihr Geweih. Hirsche haben ein rötlich schimmerndes Fell. Da sie sehr scheu sind, verstecken sie sich tagsüber und kommen erst in der Dämmerung zum Fressen hervor. Weibliche Tiere heißen übrigens Hirschkuh und nicht Reh. Rehe sind eine andere Tierart. Sie sind kleiner als Rothirsche. Das männliche Reh heißt Rehbock.

5 Überlege dir drei Fragen zu Rothirschen. Schreibe sie auf.

6 Tausche mit einem Partnerkind die Fragen aus. Beantwortet gegenseitig eure Fragen.

7 Auf eine der drei Fragen findet man im Text über Rothirsche keine Antwort. Finde diese Frage und schreibe sie auf.

Warum sieht man tagsüber in der Regel keine Hirsche?

Wie viele Junge bekommt eine Hirschkuh in einem Jahr?

Sind Rehe kleiner als Hirsche?

8 Finde selbst zwei Fragen zu Rothirschen, auf die man im Text keine Antwort findet.

Texte vortragen

1 Übe, den Text vorzutragen. Die Stellen, an denen du eine Pause machen solltest, sind durch Striche markiert. Betone die unterstrichenen Wörter.

Warum zittert man bei Kälte? |

Brr, ist das kalt! |
Im Schwimmbecken war dir doch eben noch so warm. | Doch kaum, dass du rauskletterst, | geht das große Bibbern los. Das Gleiche kann erleben, wer sich im Winter nicht genug anzieht. | Aber was soll das Geschlotter? | Damit unser Körper gesund bleibt, | braucht er eine Temperatur von rund 37 Grad Celsius. | Droht die zu sinken, | fängt der Körper an, sich zu wehren. | Zum Beispiel, | indem er alle Muskeln zittern lässt. | Denn diese Bewegung erzeugt Wärme.

2 Schreibe das Gedicht ab. Markiere dir für deinen Vortrag die Pausen mit einem Strich. Unterstreiche die Wörter, die du betonen willst:
So schnell …

So schnell kriegt mich hier keiner mehr hoch!
sprach ein müder Wanderer mit Schnaufen.
So sagte er. Und setzte sich
auf einen Ameisenhaufen.

Josef Guggenmos

Sprich beim Vorlesen laut und deutlich.
Mache nach jedem Satz eine Pause.
Wichtige Wörter kannst du betonen.

S. 60 Arbeitsheft

3 Bringe das Gespräch in die richtige Reihenfolge.
Unterstreiche die Wörter, die du betonen willst:
Hier Max Heinze. – Hallo …

Juhu! Bis gleich!
Es ist aber auch so kalt!
Hallo Max, Melina hier. Kommst du mit auf den Spielplatz?
Auf den Spielplatz, bei dem Wetter?
Na los, und hinterher macht mein Papa uns heißen Kakao!
Hier Max Heinze.
Zieh Gummistiefel an. Wir stapfen durch die Pfützen.
Ich weiß nicht so recht.
Das bisschen Regen macht doch nichts.
Heißen Kakao? Na gut. Bin gleich da.

4 Suche dir ein Partnerkind. Ein Kind ist Max, das andere Melina.
Übt, das Gespräch vorzutragen.

5 Lies den Text so vor, dass er spannend klingt.
Sprich laut und deutlich. Achte auf die Lesepausen.
Lies manche Stellen leise und geheimnisvoll.

Neulich war ich abends alleine zu Hause.
Mama und Papa waren beim Elternabend.
Ich saß im Wohnzimmer und las.
Plötzlich hörte ich ein Geräusch.
Es kam unter dem Sofa hervor.
Was war das? Ich bekam eine Gänsehaut.
Da war es wieder. Ein kleines Geräusch wie …

6 Wie könnte die Geschichte weitergehen?
Schreibe eine Fortsetzung. Lies die ganze Geschichte vor.

Einladungen

1 Welche Sätze passen zu welcher Einladung?
Wähle eine Einladung und schreibe die passenden Sätze:
Einladung zum ...

Einladung zum Klassenfest

Einladung zum Kasperletheater

Liebe Eltern!

Wir laden euch herzlich zu unserem Klassenfest ein.

Das Stück heißt: „Kasper auf Entdeckungstour“.

Am 20. Mai treffen wir uns um 15 Uhr in der Turnhalle.

Aufführungen sind am 22. und 23. Mai im Feuerwehrhaus.

Wir machen eine Überraschungsaufführung für euch.

Beginn: 15 Uhr 30, Dauer etwa 45 Minuten.

Es gibt selbst gebackene Hefemäuse.

Erwachsene zahlen 4 Euro, Kinder nur 2 Euro.

Bitte Becher für Kaffee und Saft mitbringen.

Eure Klasse 2c

S. 62 Arbeitsheft

2 Ob dieses Geburtstagsfest gelingt?
Welche Informationen musst du ergänzen?
Schreibe die Einladung richtig auf: Liebe …

Einladung zum Schwimmbad-Geburtstag

Liebe/Lieber

Ich lade Dich herzlich
zu meinem Geburtstagsfest ein.
Wir werden im Schwimmbad feiern.
Ich freue mich auf Dein Kommen!

Dein …

3 Welche Informationen sind für welche Einladung wichtig?
Wähle die Geburtstagsfeier oder die Theateraufführung.
Schreibe die passenden Fragen auf:
Geburtstagsfeier: Wer: …

Wozu wird eingeladen?
Wer lädt ein?
Wer tritt auf?
Was kosten die Karten?
Wann muss man abgeholt werden?
Um wie viel Uhr geht es los?
Wo findet die Veranstaltung statt?
Was kostet der Eintritt?
Was müssen die Gäste anziehen?
An welchem Tag findet
die Veranstaltung statt?

Steckbriefe und Diagramme

1 Von welchem Kind stammt die Seite im Freundebuch? Schreibe den Steckbrief mit dem richtigen Namen.

Name:
Alter: 8
Haarfarbe: schwarz
Frisur: Zöpfe
Brille: ja
Lieblingskleidung:
Jeans, weite Pullis
Das mag ich:
Ohrringe

2 Schau genau. Schreibe auch diesen Steckbrief mit dem richtigen Namen.

Name:
Alter: 7
Haarfarbe: braun
Frisur: kurze Haare
Brille: nein
Lieblingskleidung:
kurze Hose und T-Shirt
Das mag ich:
Fußball

3 Schreibe eine Freundebuchseite für Max:
Name: …
Alter: …
…

 S. 64 Arbeitsheft

4 Schreibe auf, was dir hilft, eine Person auf dem Bild zu finden:
die Haarfarbe, …

Telefonnummer • Haarfarbe • Augenfarbe • Hobbys
Lieblingstiere • Lieblingskleider • besondere Kennzeichen
was jemand nicht leiden kann • Größe • Sternzeichen • Adresse

5 Schreibe einen Steckbrief zu einem Kind auf Seite 146.
Nutze die Ergebnisse aus Aufgabe 4:
Alter: …
Haarfarbe: …

6 Lies das Diagramm genau. Schreibe auf, was du erfährst:
Es gibt sechs Jungen. Es gibt …

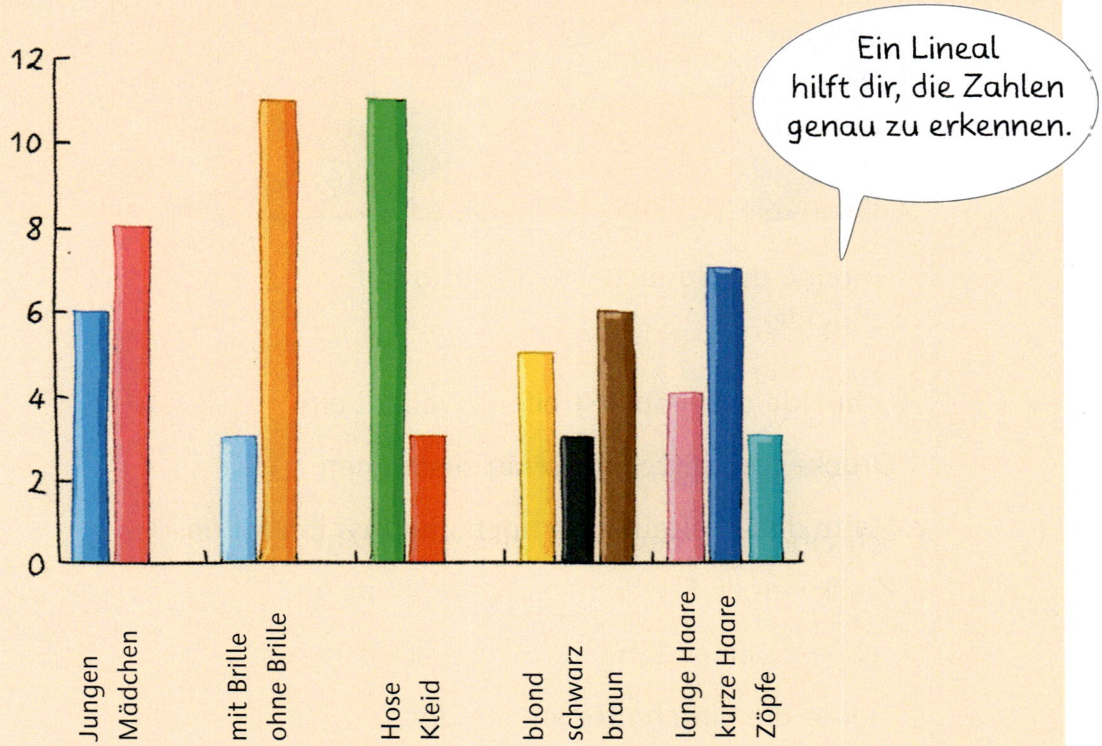

Bastelanleitungen

1 Baue den Kreiselflieger nach.

2 Schreibe die Bauanleitung richtig auf:
Schneide …

Schneide den Papierstreifen zweimal ein.

Drücke die Spitze ein wenig zusammen.

Halte den Kreiselflieger hoch und lass ihn fallen.

Knicke einen Streifen von einem Blatt ab.

Schneide einen längeren Papierstreifen zu.

Stecke die Einschnitte ineinander.

S. 66 Arbeitsheft

3 Welche Informationen brauchst du **nicht**, um den Hubschrauber nachzubauen? Schreibe nur die wichtigen Informationen auf.

Suche dir ein besonders hübsches Blatt aus.
Zeichne dir das Bild auf.
Schneide die gestrichelten Linien ein.
Klappe das rote Teil vor, das gelbe zurück.
Falte die grauen Teile zur Mitte und klebe sie fest.
Berichte deiner Lehrerin, dass du fertig bist.
Lass deinen Hubschrauber von einer hohen Stelle aus fallen.

4 Bastle den Papierhubschrauber.

5 Schreibe eine Bastelanleitung für diesen Flieger.

1
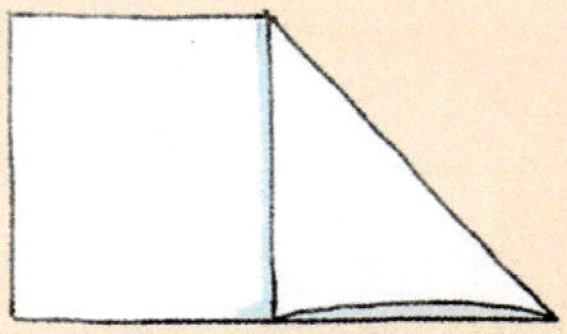

Dreieck knicken

2
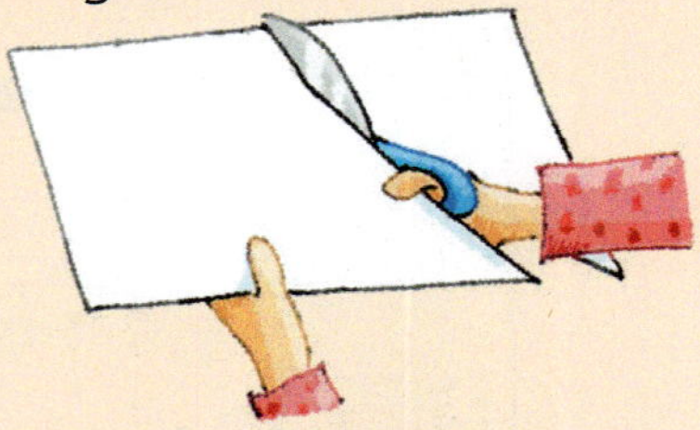

Dreieck abschneiden

3

Rand dreimal knicken

4
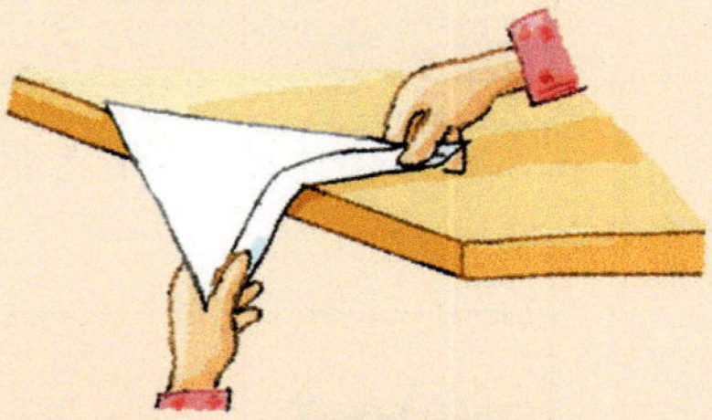

Rand über Kante ziehen

5
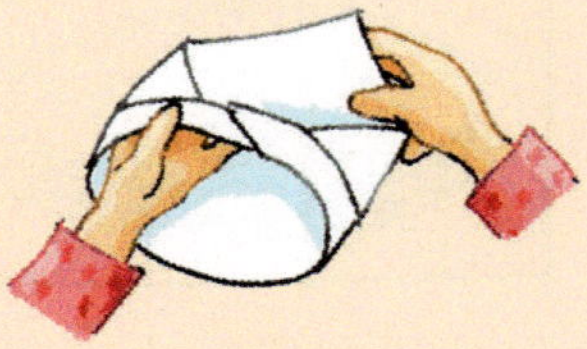

Ecken ineinanderstecken

6

Ring nach vorne fallen lassen

Rezepte

1 Schreibe das Rezept für Obstquark in der richtigen Reihenfolge auf:
Obstquark
...

Mische das Obst zum Schluss mit dem Quark.

Rühre ihn als Nächstes mit etwas Milch oder Sahne glatt.

Zutaten: 500 g Magerquark, etwas Milch oder Sahne,
Obst nach Geschmack und Jahreszeit

Schneide danach das Obst in kleine Stücke.

Fülle den Quark zuerst in eine Schüssel.

2 Sortiere die Bilder. Schreibe das Rezept für Kräuterbrot mit Hilfe der Stichwörter auf:
Kräuterbrot
...

auf das Brot streuen

mit Frischkäse bestreichen

Kräuter waschen und schneiden

Brotscheiben bereitlegen

S. 68 Arbeitsheft

3 Hier hat sich Unsinn eingeschlichen! Schreibe nur auf, was zum Rezept für Pizza-Brötchen gehört:

Pizza-Brötchen
Zutaten: …

Zutaten: 5 Scheiben Schinken, 10 Scheiben Salami, 1 Glas feiner Sand, 1 rote Paprika, frische Pilze, 1 Päckchen geriebener Käse, 1 Becher Sahne, Gewürze

Die Küche ordentlich schrubben.
Schinken, Salami, Paprika und Pilze klein schneiden.
Nebenher Radio hören.
Alle Zutaten mit Käse und Sahne vermischen.
Mit Pizzagewürzen abschmecken.
Keinen Streit mit der Schwester anfangen!
Brötchen oder Baguette damit bestreichen.
10 Minuten im vorgeheizten Ofen bei 180 Grad backen.

Achtung! Benutze den heißen Backofen nur mit Hilfe eines Erwachsenen!

4 Schreibe das Rezept auf:

Limo-Kuchen
…

Gedichte schreiben

1 Schreibe das Gedicht ab. Ergänze die fehlenden Reime:
Ein kluger …

Ein kluger Knabe, er hieß Hans,
dressierte eine fette ___
und brachte ihr ein Kunststück bei:
Sie legte ihm ein Spiegel ___
samt Pfefferkörnern, Speck und Schmalz
nebst einer kleinen Prise ___ .

Hans Manz

2 Die Verse rechts sind durcheinandergeraten.
Ordne sie richtig zu und schreibe das Gedicht:
Spatzenjanuar
Weiß steht der Wald,
sagen die Spatzen
und es …

Weiß steht der Wald,
sagen die Spatzen,

Doch Eis und Schnee,
sagen die Spatzen,

Im Federkleid,
sagen die Spatzen.

Doch eins tut not,
sagen die Spatzen:

tun uns nicht weh,
sagen die Spatzen.

sind wir gefeit,
sagen die Spatzen.

Ein bisschen Brot,
sagen die Spatzen.

und es ist kalt,
sagen die Spatzen.

James Krüss

S. 70 Arbeitsheft

3 Bringe den Kettenreim in die richtige Reihenfolge:
Eins, zwei, drei,
alt ist nicht neu,
neu ist nicht alt,
...

Eins, zwei, drei,
alt ist nicht neu,

weich ist nicht hart,
der Bauer mit Bart,

neu ist nicht alt,
warm ist nicht kalt,

arm ist nicht reich,
hart ist nicht weich,

der Bart vom Bauer,
süß ist nicht sauer,

kalt ist nicht warm,
reich ist nicht arm,

sauer ist nicht süß,
die Händ sind keine Füß,

Füß sind keine Händ,
die Geschichte ist zu End.

4 Erfinde selbst einen Abzählreim. Beginne mit Zahlwörtern.
Die Reimwörter helfen dir: Eins, zwei, ...

Eins, zwei, drei, vier, fünf, sechs, sieben,
eine alte Frau kocht Rüben.
Eine alte Frau kocht Speck
und du bist weg.

zwei
drei
Ei
herbei
einerlei
Polizei

vier
hier
Klavier
Stier
Tier
wir

sechs
Hex
klecks
Rex

raus
Maus
Haus
Laus

weg
Fleck
meck
keck

fünf
Strümpf
rümpf

suchen
Kuchen
Buchen

Botschaften schreiben und entschlüsseln

1 Lies den Text.

Jan liegt am Strand und döst in der Sonne.
Er träumt von einem Piratenschiff.
Er ist ein Gefangener der Piraten.
Sie haben ihn auf eine einsame Insel verschleppt.
Verzweifelt überlegt er, wie er sich retten könnte.
Da sieht er eine Flasche und ihm kommt eine Idee.
Eine Flaschenpost ist die Rettung!

2 Schreibe eine Flaschenpost, die Jan losschicken möchte.
Die Stichwörter in der Flasche helfen dir:
Hilfe! Ich …

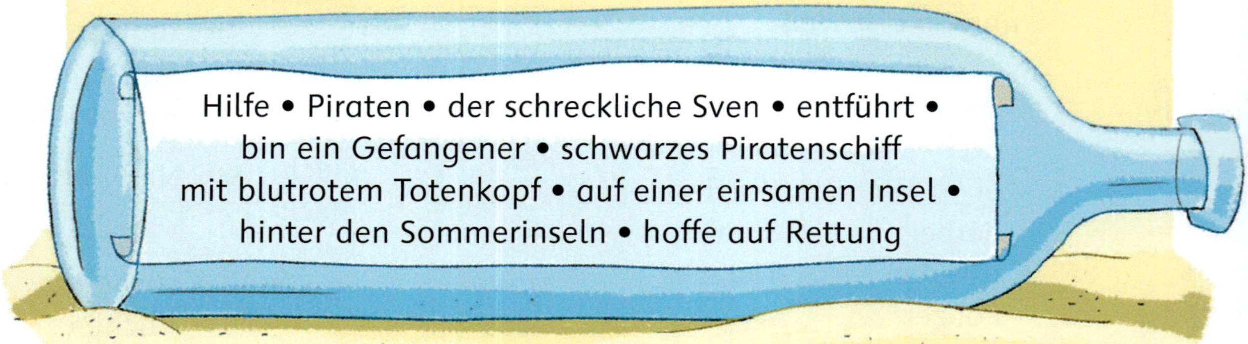

S. 72 Arbeitsheft

3 Jan findet am Strand eine geheime Botschaft.
Versuche, sie zu entschlüsseln:
An den Finder dieser …

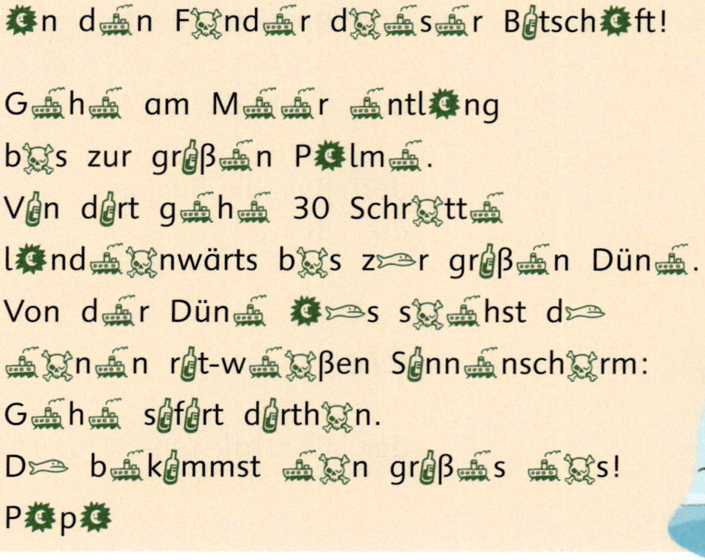

4 Schreibe selbst eine geheime Botschaft.
Schreibe sie zuerst ganz normal auf.
Wähle dann einen Weg, sie zu verschlüsseln.

EINE GEHEIME BOTSCHAFT
ENIE EMIEHEG TFAHCSTOB

A	B	C	D	E	F	G	H	I	J	K	L	M	N
Z	A	B	C	D	E	F	G	H	I	J	K	L	M

DHMD FDGDHLD …

Wörterliste

A/a

der Abend, die Aben|de
al|le
der Ap|fel, die Äp|fel
der Ap|ril
die Ar|beit, die Ar|bei|ten
ar|bei|ten, er ar|bei|tet
der Ast, die Äs|te
der Au|gust
das Au|to, die Au|tos

B/b

ba|cken, sie bäckt
das Bad, die Bä|der
ba|den, er ba|det
die Bahn, die Bah|nen
bald
der Ball, die Bäl|le
das Band, die Bän|der
die Bank, die Bän|ke
bau|en, sie baut
der Bau|er, die Bau|ern
der Baum, die Bäu|me
das Bett, die Bet|ten
bit|ten, sie bit|tet
blau
blei|ben, er bleibt
die Blu|me, die Blu|men
das Boot, die Boo|te
brau|chen, sie braucht
der Brief, die Brie|fe
brin|gen, er bringt
das Brot, die Bro|te
der Bru|der, die Brü|der
das Buch, die Bü|cher
bunt
der Bus, die Bus|se
die But|ter

C/c

der Com|pu|ter, die Com|pu|ter

D/d

dan|ken, sie dankt
dann
de|cken, er deckt
denn
der De|zem|ber
der Diens|tag, die Diens|ta|ge
die|sem
dir
don|nern, es don|nert
der Don|ners|tag,
die Don|ners|ta|ge
das Dorf, die Dör|fer
dort
drei
dun|kel
dür|fen, er darf

E/e

das Eis
die Er|de
er|zäh|len, sie er|zählt
es|sen, er isst
et|was
euch
eu|er

F/f

fah|ren, sie fährt
fal|len, er fällt
fan|gen, sie fängt
der Fe|bru|ar
feh|len, sie fehlt
der Feh|ler, die Feh|ler
feh|ler|frei
die Fei|er, die Fei|ern
fei|ern, er fei|ert
das Feld, die Fel|der
die Fe|ri|en
fern|se|hen, er sieht fern
fest
der Fisch, die Fi|sche
die Fla|sche, die Fla|schen
das Fleisch
flie|gen, sie fliegt
fort
fra|gen, er fragt
die Frau, die Frau|en
der Frei|tag, die Frei|ta|ge
freu|en, sie freut sich
der Frie|den
früh
der Früh|ling
das Früh|stück

G/g

ganz
der Gar|ten, die Gär|ten
ge|ben, er gibt
ge|hen, sie geht
gelb
das Geld, die Gel|der
das Ge|mü|se
ge|sund
das Ge|wit|ter, die Ge|wit|ter
das Glas, die Glä|ser
groß
grün
die Grup|pe, die Grup|pen
gut

H/h

das Haar, die Haa|re
ha|ben, er hat, du hast
hän|gen, es hängt
sie hat|te
das Haus, die Häu|ser
das Heft, die Hef|te
heiß
hel|fen, sie hilft
der Herbst
heu|te
hier

	hoch
das	Hoch|haus, die Hoch|häuser
der	Hof, die Hö|fe
	ho|len, er holt
das	Holz, die Höl|zer
	hö|ren, er hört
die	Ho|se, die Ho|sen
der	Hund, die Hun|de

I/i

der	Igel, die Igel
	ihm
	ihn
	ih|nen
	ihr
	im|mer

J/j

das	Jahr, die Jah|re
der	Ja|nu|ar
der	Ju|li
der	Jun|ge, die Jun|gen
der	Ju|ni

K/k

	kalt
sie	kam
die	Kan|ne, die Kan|nen
die	Kat|ze, die Kat|zen
	kau|fen, er kauft
	kein
	ken|nen, er kennt
die	Ker|ze, die Ker|zen
das	Kind, die Kin|der
die	Klas|se, die Klas|sen
das	Kleid, die Klei|der
	klein
der	Kof|fer, die Kof|fer
	kom|men, er kommt
	kön|nen, sie kann
der	Kopf, die Köp|fe
	krank
der	Kreis, die Krei|se
die	Kü|che, die Kü|chen
der	Ku|chen, die Ku|chen
der	Kür|bis, die Kür|bis|se
	kurz

L/l

	la|chen, er lacht
die	Lam|pe, die Lam|pen
	lang
	lang|sam
	las|sen, sie lässt
	lau|fen, er läuft
	laut
	leer
	le|gen, er legt
	leh|ren, sie lehrt
der	Leh|rer, die Leh|rer
die	Leh|re|rin, die Leh|re|rin|nen
	lei|se
	ler|nen, sie lernt
	le|sen, er liest

die Leu|te
lie|ben, sie liebt
das Lied, die Lie|der
lie|gen, er liegt
der Löf|fel, die Löf|fel
lus|tig

M/m

ma|chen, sie macht
das Mäd|chen, die Mäd|chen
der Mai
ma|len, er malt
der Mann, die Män|ner
der März
mehr
das Mes|ser, die Mes|ser
die Milch
mir
die Mit|te
der Mitt|woch, die Mitt|wo|che
er möch|te
der Mo|nat, die Mo|na|te
der Mon|tag, die Mon|ta|ge
mor|gen
müs|sen, er muss
die Mut|ter, die Müt|ter

N/n

der Na|me, die Na|men
die Na|se, die Na|sen
neh|men, er nimmt
neu
nicht
der No|vem|ber

O/o

oben
das Obst
der Ofen, die Öfen
of|fen
oh|ne
der Ok|to|ber
der On|kel, die On|kel

P/p

pa|cken, sie packt
das Pa|pier, die Pa|pie|re
die Pflan|ze, die Pflan|zen
pflan|zen, er pflanzt
der Plan, die Plä|ne
pla|nen, sie plant
der Platz, die Plät|ze
die Pup|pe, die Pup|pen
put|zen, er putzt

R/r

rei|sen, er reist
der Ring, die Rin|ge
der Rock, die Rö|cke
rol|len, es rollt
der Rol|ler, die Rol|ler
rot
ru|fen, sie ruft

S/s

sa|gen, sie sagt
sie sah
der Sand, die San|de
der Satz, die Sät|ze
sau|ber
schei|nen, sie scheint
schen|ken, er schenkt
schi|cken, sie schickt
schie|ben, er schiebt
das Schiff, die Schif|fe
schla|fen, er schläft
schmü|cken, er schmückt
der Schnee
schnell
schön
schrei|ben, sie schreibt
der Schuh, die Schu|he
die Schu|le, die Schu|len
der Schü|ler, die Schü|ler
die Schüs|sel, die Schüs|seln
schwarz
schwer
die Schwes|ter, die Schwes|tern
schwim|men, er schwimmt
der See, die Se|en
se|hen, sie sieht
sehr
der Sep|tem|ber
set|zen, er setzt
sie
sie|ben
sie sind
sin|gen, er singt
sit|zen, sie sitzt
der Som|mer, die Som|mer
der Sonn|abend, die Sonn|aben|de
die Son|ne, die Son|nen
der Sonn|tag, die Sonn|ta|ge
spät
das Spiel, die Spie|le
spie|len, er spielt
spitz
der Sport
sprin|gen, sie springt
der Stab, die Stä|be
die Stadt, die Städ|te
ste|cken, er steckt
ste|hen, sie steht
der Stein, die Stei|ne
der Stern, die Ster|ne
die Stra|ße, die Stra|ßen
der Stuhl, die Stüh|le
su|chen, sie sucht
die Sup|pe, die Sup|pen

T/t

die Ta|fel, die Ta|feln
der Tag, die Ta|ge
die Tan|te, die Tan|ten
die Ta|sche, die Ta|schen
die Tas|se, die Tas|sen
der Tee
der Teig
der Tel|ler, die Tel|ler
der Text, die Tex|te
das Tier, die Tie|re
der Tisch, die Ti|sche
die Tor|te, die Tor|ten
tra|gen, er trägt
trin|ken, sie trinkt

das Tuch, die Tü|cher
die Tür, die Tü|ren
tur|nen, er turnt
die Tü|te, die Tü|ten

U/u

üben, sie übt
über
über|le|gen, sie über|legt
die Übung, die Übun|gen
und
un|ten
un|ter

V/v

der Va|ter, die Vä|ter
das Veil|chen, die Veil|chen
viel, vie|le
vier
der Vo|gel, die Vö|gel
voll
vom
von
vor

W/w

die Wahl, die Wah|len
wäh|len, sie wählt
der Wäh|ler, die Wäh|ler
der Wald, die Wäl|der
die Wand, die Wän|de
es war
warm
wa|schen, er wäscht
das Was|ser
weich
das Weih|nach|ten
weiß
weit
wei|ter
wenn
wer|den, sie wird
wer|fen, er wirft
das Wet|ter
wie|der
die Wie|se, die Wie|sen
der Wind, die Win|de
der Win|ter, die Win|ter
wir
wis|sen, er weiß
die Wo|che, die Wo|chen
die Wol|ke, die Wol|ken
wol|len, sie will
wün|schen, er wünscht

Z/z

die Zahl, die Zah|len
zäh|len, sie zählt
der Zaun, die Zäu|ne
zeich|nen, er zeich|net
zei|gen, sie zeigt
die Zeit, die Zei|ten
zie|hen, sie zieht

Wichtige Fachbegriffe

		Seite
Nomen	Wörter für Menschen, Tiere, Pflanzen und Dinge nennt man Nomen. Nomen werden immer großgeschrieben: Kind, Tiger, Tulpe, Ball.	6, 108
Artikel	Nomen haben Begleiter. Sie heißen Artikel. Bestimmte Artikel: **der** Teller, **die** Suppe, **das** Glas. Unbestimmte Artikel: **ein** Mond, **eine** Sonne.	12, 13, 110
Einzahl und Mehrzahl	Nomen gibt es in der Einzahl und in der Mehrzahl. Der Artikel in der Mehrzahl heißt immer die: das Brot – die Brote, der Apfel – die Äpfel.	38, 112
Verben	Verben sagen, was Menschen, Tiere, Pflanzen oder Dinge tun. Verben werden kleingeschrieben: rennen, fressen, fliegen.	18, 116
Wortstamm und Wortfamilie	Jedes Wort hat einen Wortstamm, der meist gleich bleibt. Wörter mit dem gleichen Wortstamm bilden eine Wortfamilie: ein**pflanz**en, Topf**pflanze**, **Pflanz**enname.	59, 120
Adjektive	Wörter, die sagen, wie etwas ist, nennt man Adjektive: klein, rot.	52, 118
Aussagesätze	Am Satzanfang schreibt man groß. Nach jedem Aussagesatz steht ein Punkt: Die Kinder basteln Sternenbriefe**.**	26, 126, 128

		Seite
Fragesätze	Nach Fragen steht ein Fragezeichen: Siehst du den Stern?	27, 126, 128
Aufforderungssätze	Nach Aufforderungssätzen steht ein Ausrufezeichen: Komm schnell! Du darfst nicht zu spät kommen!	66, 128
Komma	Aufzählungen werden durch ein Komma getrennt: Die vier Jahreszeiten heißen Frühling, Sommer, Herbst, Winter.	32
Selbstlaute und Mitlaute	a, e, i, o, u sind Laute, die von alleine klingen. Sie heißen Selbstlaute. Alle anderen Laute im ABC nennt man Mitlaute.	19
Silbenkönige	In jeder Silbe steckt ein Selbstlaut. Wir nennen die Selbstlaute deshalb auch Silbenkönige: Fisch, Kamel.	20, 90
Zwielaute	Man nennt au, eu, ei Zwielaute, weil sie aus zwei Lauten bestehen. Auch Zwielaute sind Silbenkönige: Baum, freuen, Seife.	34, 92
Umlaute	Man nennt ä, ö, ü Umlaute. Auch Umlaute sind Silbenkönige: Fässer, Töpfe, Nüsse.	39

Lernzusammenhänge in den Themenkapiteln

Kapitel	Sprechen und zuhören	Lesen – mit Texten und Medien umgehen	Schreiben (Texte verfassen)
Ich – Du – Wir S. 4–9	erzählen: zu einem Bild; Gesprächsregeln beachten: Regeln und ihre Einhaltung besprechen; Fragen stellen und beantworten (4)	Arbeitsanweisungen lesen und verstehen (4–9); Texte präsentieren: Rätsel (5)	Rätsel lösen; Rätseltexte schreiben; eine Rätselkartei anlegen (5) **Texte verfassen** SB (130), AH (48)
Herbst S. 10–15	Sachverhalte beschreiben: zu Fundstücken erzählen, Fundort angeben; Fundstück beschreiben und malen (10)	Arbeitsanweisungen lesen und verstehen (10–15); Texte präsentieren: Einladungen (11); Texte genau lesen (12); Texte dekodieren: Bilder im Text (13), Geheimschrift (14)	eine Einladung aus Textteilen zusammensetzen; eigene Einladung zu einem Herbstfest schreiben; passende sprachliche Mittel finden (11) **Texte verfassen** SB (144), AH (62)
Natur entdecken: Tiere S. 16–21	Informationen zu Tieren sammeln; appellieren: Wünsche formulieren und begründen; informieren: ein Tierplakat erstellen (16)	Arbeitsanweisungen lesen und verstehen (16–21); zentrale Textaussagen erfassen und wiedergeben, Informationen in Druck- und elektronischen Medien suchen (17); Texte dekodieren: Geheimschrift (21)	einem Text Informationen entnehmen, um Fragen zu beantworten; Fragen zum Thema „Haustiere" entwerfen und beantworten; Informationen aus Medien einholen (17) **Texte verfassen** SB (140), AH (58)
Winter S. 24–29	sich an Gesprächen beteiligen: über unterschiedliche Weihnachtsbräuche sprechen; erzählen: zur Weihnachtszeit erzählen (24); Rollenspiel fortsetzen (27)	Arbeitsanweisungen lesen und verstehen (24–29); Gebrauchstexte genau lesen: Bastelanleitung (25); szenische Texte kennen und vortragen (27)	Bastelanleitung ausprobieren; Weihnachtswünsche aufschreiben; den Bastelablauf in der Ich-Form beschreiben; Weihnachtsgrüße in verschiedenen Sprachen oder einer Mundart sammeln (25) **Texte verfassen** SB (148), AH (66)
Zeiten und Räume S. 30–35	einem Jahreskreis Informationen entnehmen; an der Standardsprache orientiert sprechen: eine Jahreszeit beschreiben; Fragen beantworten (30)	Arbeitsanweisungen lesen und verstehen (30–35); Informationen in Druck- und elektronischen Medien suchen (30); lyrische Texte kennen: Reime ordnen (32)	zu einzelnen Monaten erzählen; Geschichten planen: Wörtersammlung anlegen; Monatsgeschichten in verschiedenen Buchformen präsentieren (31) **Texte verfassen** SB (132), AH (50)
Das bin ich S. 36–41	sich an Gesprächen beteiligen: über das Thema „Frühstück" sprechen; Begründungen und Erklärungen geben; informieren: eine Collage anfertigen (36)	Arbeitsanweisungen lesen und verstehen (36–41); Sach- und Gebrauchstexte kennen, handelnd mit Texten umgehen: Rezept lesen und umsetzen (37), Texte genau lesen (39, 40); zentrale Textaussagen erfassen und wiedergeben (41)	Rezept nach Anleitung erproben; die Umsetzung des Rezepts in der Ich-Form beschreiben; ein Rezept aufschreiben (37) **Texte verfassen** SB (150), AH (68)

Sprache und Sprachgebrauch untersuchen	Schreiben (Richtig schreiben)
Nomen kennen lernen; Nomen sammeln und nach Kategorien ordnen; Großschreibung von Nomen (6); Verschriftung und Großschreibung von Nomen: einzeln und im Textzusammenhang; Analogiebildung durch Reimwörter (7) **Sprache untersuchen** SB (108), AH (26)	Rechtschreibstrategie „Sprechschwingen, Schreibschwingen"; Namen schwingen; Silben zu Nomen zusammensetzen; Vorlieben aufschreiben (8) **Richtig schreiben** SB (88), AH (6)
bestimmte Artikel in einem Text ergänzen; Nomen mit bestimmtem Artikel aufschreiben; Gebrauch der Artikel in einem Spiel erproben (12); Nomen mit unbestimmten Artikeln aufschreiben; unbestimmte Artikel nach Geschlecht sortieren; Nomen mit bestimmtem und unbestimmtem Artikel aufschreiben (13) **Sprache untersuchen** SB (110), AH (28)	Wörter und Wortpaare nach dem ABC ordnen; in der Wörterliste nachschlagen; ein Herbst-ABC erstellen (14) **Arbeitstechniken** SB (86), AH (4)
Verben und ihre Bedeutung kennen lernen; die Veränderung von Verben im Satz erfahren (18) **Sprache untersuchen** SB (116), AH (34)	Selbstlaute als Silbenkönige kennen lernen; Selbstlaute in Silben markieren, Silbenbögen zeichnen; aus Silben Tiernamen bilden (20) **Richtig schreiben** SB (91), AH (8)
Satz als sprachliche und klangliche Einheit erfahren; Aussagesätze und Satzschlusszeichen Punkt kennen lernen; Großschreibung am Satzanfang (26); Satzarten im Umgang mit einem Rollentext üben; Ausrufezeichen und Fragezeichen als Aussprachezeichen erfahren; Rollenspiel fortsetzen (27) **Sprache untersuchen** SB (126), AH (44)	regelmäßige Schreibung des langen i als ie kennen lernen; Wörter mit ie aus Text und Wortkette herausschreiben; Silben zu Verben mit ie zusammensetzen (28) **Richtig schreiben** SB (94), AH (12)
Namen für Monate und Jahreszeiten üben; den Begriff „Komma" kennen lernen; Unterschiede in Klang und Aussprache finden (32); zusammengesetzte Nomen bilden; zusammengesetzte Nomen finden und trennen (Nomen + Nomen, Verb + Nomen) (33) **Sprache untersuchen** SB (114), AH (32)	Zwielaute als Silbenkönige kennen lernen; Zwielaute einsetzen und markieren; zusammengesetzte Nomen mit Zwielauten bilden (34) **Richtig schreiben** SB (92), AH (10)
Einzahl und Mehrzahl kennen lernen; Einzahlnomen und Mehrzahlnomen in Tabelle ordnen; unterschiedliche Mehrzahlformen bilden (38); Umlaute kennen lernen; Umlautungen in Mehrzahlformen erfahren (39) **Sprache untersuchen** SB (112), AH (30)	Rechtschreibstrategie „Ableiten" trainieren: bei ä und äu nach verwandten Wörtern suchen; Sätze mit ä und äu zu einem Text ordnen (40) **Richtig schreiben** SB (100), AH (18)

Kapitel	Sprechen und zuhören	Lesen – mit Texten und Medien umgehen	Schreiben (Texte verfassen)
www.freizeit S. 44–49	gezielt nachfragen, Inhalte zuhörend verstehen: über Freizeitaktivitäten sprechen; informieren: Freizeitaktivitäten beschreiben und plakatieren (44)	Arbeitsanweisungen lesen und verstehen (44–49); Texte genau lesen (45, 46), Zungenbrecher vortragen (48)	unterschiedliche Satzanfänge als erzählerisches Mittel kennen lernen; Texte mit unterschiedlichen Satzanfängen schreiben (45) **Texte verfassen** SB (138), AH (56)
Frühling S. 50–55	Beobachtungen wiedergeben: den Frühling in einem Bild entdecken, Stichwörter sammeln; argumentieren: eigene Vorlieben begründen (50)	Arbeitsanweisungen lesen und verstehen (50–55); Gedichte vortragen (51); Texte genau lesen (53, 54)	den Bauplan von Elfchen verstehen; eigene Elfchen verfassen (51) **Texte verfassen** SB (152), AH (70)
Natur entdecken: Pflanzen S. 56–61	Sachverhalte beschreiben: unterschiedliche Pflanzen und einen Fantasiegarten; Begründungen geben: Auswahl von Pflanzen begründen (56)	Arbeitsanweisungen lesen und verstehen (56–61); lebendige Vorstellungen zu Texten entwickeln: Bildergeschichte (57); genau lesen (58, 59)	eine Bildergeschichte erzählen; eine Bildergeschichte aufschreiben; Personennamen und passende Überschrift finden (57) **Texte verfassen** SB (136), AH (54)
Wie wir leben S. 64–69	Konflikte diskutieren, Perspektiven einnehmen: ein Gespräch spielen, eine Lösung finden; von Erfahrungen und Gefühlen berichten (64); um Hilfe bitten	Arbeitsanweisungen lesen und verstehen (64–69); Dialoge vortragen (64); Geschichten vortragen (65), Texte zum Vorlesen vorbereiten: Betonung der Satzarten (67)	einen Text auswählen und gut vortragen; um Hilfe bitten; einen Witz aufschreiben (65) **Texte verfassen** SB (142), AH (60)
Sommer S. 70–75	Beobachtungen wiedergeben: zu einem Bild erzählen; Perspektiven einnehmen: berichten, worauf ein anderes Kind sich freut (70)	Arbeitsanweisungen lesen und verstehen (70–75); Texte dekodieren: Geheimschrift (71); Texte genau lesen (72)	Schreiben eines Briefes vorbereiten; über Sinn und Funktion schriftlicher Mitteilungen sprechen; Geheimbotschaft entschlüsseln (71) **Texte verfassen** SB (154), AH (72)
Ich liebe Bücher S. 76–79	Lernergebnisse präsentieren, Fachbegriffe benutzen: ein Buch begründet auswählen und vorstellen (76)	Arbeitsanweisungen lesen und verstehen (76–79); Erzähltexte kennen (76, 77); nicht lineare Sachtexte kennen: Diagramme (77); sich in einer Bücherei orientieren (78); zum Lesen und zu einem Bibliotheksbesuch anregen; Bücher von Bettina Obrecht kennen lernen; Inhaltsangaben lesen und verstehen (78)	ein Diagramm lesen; Umfrageergebnisse in Form eines Diagramms festhalten; Buch begründet auswählen; Lieblingsbücher nach Muster beschreiben (77); einen Geschichtenanfang weiterspinnen und aufschreiben; einen Geschichtenverlauf als Bild darstellen; eine Geschichte zu Ende schreiben (79) **Texte verfassen** SB (134, 146), AH (52, 64)

Sprache und Sprachgebrauch untersuchen	Schreiben (Richtig schreiben)
Veränderung der Wortbedeutung durch Vorsilben erfahren und in Sinnzusammenhängen anwenden; Wörter mit Vorsilben in Lückentext einsetzen (46) **Sprache untersuchen** SB (124), AH (42)	Merkwörter mit Doppelvokalen in Sätze einsetzen; Wörter und zusammengesetzte Nomen mit Doppelvokalen bilden; Lösungswörter mit Doppelvokal finden (47); Sätze mit sp- und st-Wörtern bilden; sp und st den passenden Wortenden zuordnen; Zungenbrecher mit sp und st üben (48) **Richtig schreiben** SB (98), AH (16)
Spielstand eines Murmelspiels erklären; Adjektive kennen lernen, in Sinnzusammenhängen üben; Gegensatzpaare bilden (52); Adjektive in Sinnzusammenhängen üben; Adjektive in Rätseln markieren; Liste mit Adjektiven anlegen (53) **Sprache untersuchen** SB (118), AH (36)	Wörter mit v aus einem Text herausschreiben; Verben mit Vorsilben ver- und vor- bilden; Wörter mit v nach Klang sortieren (54) **Richtig schreiben** SB (104), AH (22)
ein Bohnentagebuch „erlesen"; Verkleinerungsformen herausschreiben und bilden; mit Verkleinerungsformen sprachspielerisch umgehen (58); Wortstamm und Wortfamilie kennen lernen; Kuckuckseier in Wortfamilien finden; Wörter der Wortfamilie „brennen" passend zuordnen (59) **Sprache untersuchen** SB (120), AH (38)	Merkwörter mit Dehnungs-h richtig üben; Wörter zur Wortfamilie „fahren" bilden; Wörter zu Wortfamilien mit Dehnungs-h finden (60) **Richtig schreiben** SB (106), AH (24)
Aufforderungssätze kennen lernen und mit Modalverben und mit Imperativen bilden; die Wirkung unterschiedlicher sprachlicher Mittel vergleichen (66); Satzarten erkennen, passende Satzschlusszeichen erkennen; sinnvolle Aussagesätze aus Satzteilen zusammenstellen; Aussagesätze in Fragesätze umformen (67) **Sprache untersuchen** SB (128), AH (46)	Rechtschreibstrategie „Verlängern"; Wörter mit Auslautverhärtung verlängern und richtig aufschreiben (68) **Richtig schreiben** SB (102), AH (22)
Verben aus einem Wortfeld im Textzusammenhang anwenden; Verben nach Wortfeldern sortieren/im Satzzusammenhang gebrauchen (72); zusammengesetzte Nomen in Bilderrätseln entdecken; spielerisch mit zusammengesetzten Nomen umgehen; Sprachen vergleichen (73) **Sprache untersuchen** SB (122), AH (40)	Wörter mit doppelten Mitlauten zusammensetzen und ergänzen; Silbenbögen setzen; mit der Wörterliste arbeiten (74) **Richtig schreiben** SB (96), AH (14)

Jo-Jo

Sprachbuch 2

Erarbeitet von Frido Brunold, Susanne Mansour, Sandra Meeh, Henriette Naumann-Harms, Rita Stanzel, Monika Wolter, Martin Wörner

Fachliche Beratung zur Silbenstrategie Günter J. Renk

Unter Einbeziehung der Ausgabe von Annelore Burgel, Susanne Kelch, Gc riele Kulick, Sandra Meeh, Henriette Naumann-Harms, Kerstin ahm, Angela Witt, Rita Stanzel, Martin Wörner, Eva Wricke

Unter Beratung von Judith Baum (Olpe), Katharina Böer Hannover), Ann-Christin Fischer (Marburg), Karin Leutert (Singen), Melanie Pro t (Konstanz), Catrin Puschmann (Visselhövede), Kirsten Ratzlaff (Rheinbach), Gabrie Seitz (Hochdorf), Maike Teusen (Aachen), Franziska Triebswetter (Freiburg), D iele Wagener (Melle), Marianne Wehrle (Kenzingen), Ange Witt (Hamburg)

Redaktion Elisabeth Wagner, Cornelia Ostberg

Bildredaktion Peter Hartmann

Illustrationen Gabriela Silvera, Vera Schmidt

Umschlagillustration Sylvia Graupner

Gesamtgestaltung und technische Umsetzung Heike Börner

www.cornelsen.de

1. Auflage, 1. Druck 2011

Alle Drucke dieser Auflage sind inhaltlich unverändert und können im Unterricht nebeneinander verwendet werden.

Druck: CS-Druck CornelsenStürtz, Berlin

ISBN 978-3-06-082600-1

Inhalt gedruckt auf säurefreiem Papier aus nachhaltiger Forstwirtschaft.